元・味の素
マーケティング
マネージャー
直伝の仕事術

グローバルで通用する「日本式」マーケティング

"Japanese-style" marketing that works globally.

中島広数

日本能率協会マネジメントセンター

『はじめに』

２０２３年1月、非常勤講師を勤めている亜細亜大学・アジア国際経営戦略研究科での「実践グローバルマーケティング」の外国人留学生向け講義の最終回が終わった時、「こんなに皆に喜んでもらえるなら自分の経験・ノウハウを一冊にまとめてみてはどうか?」と思うに至りました。書店に入れば「経営」「哲学」「経済」「日本文学」等と同じような並びの大分類の中に「マーケティング」という棚は必ずあります。著名な博士や教授たちが網羅的に概念を書かれた名著も沢山ありますし、デジタルを駆使した最新事例のように、特定の分野にフォーカスした専門書もあります。私もマーケターになりたての頃は、この棚に足繁く通っては、すすめられた書籍を読み漁りました。しかしながら、昔も今も、この棚の中にはマーケティング実務家が書いた、日本企業のグローバルマーケティングの事例を解説している書籍は多くありません。

起業して5年が過ぎ、事業・マーケティングコンサルタントという立ち位置での仕事が1つの形をなしはじめています。私が暮らす、ここ鎌倉の地を訪れて来ては、マーケティングの悩み相談を持ちかけてくる各社のマーケターや事業担当責任者の皆さんたち。彼らと事業課題や今後の発展の可能性を議論する中で、「自分の中では既に基本動作として身についているグローバルマーケティングの考え方や業務プロセスは、誰にとっても実践しやすいものではないのだな」「特に30代や40代の現場のマネージャーたちは新しい価値を生み出すために日本も含むアジア各国の現場で苦労をしているのだな」という実感を持っています。そうであれば自分の経験や知識をぜひ利用してほしいと思います。私がそうしてもらったように、知識やノウハウというものは新しい世代の人材に継承されるべきものです。

大企業での20年間の業務経験を経て43歳で起業した私は、まだ20代の頃にマーケティングという天職に出会い、現場での実践を通じてその楽しみと難しさを知りました。責任も重く、辛いことも沢山ある仕事ですが、原点にあるのは「マーケティングは楽しい」「マーケティングこそが企業経営の根幹をなす大事な仕事である」という強い想いです。日々のコンサルティングの仕事や、大学等での講義の際、できる限りその想いを伝え、具体的に、実践的にノウハウを伝えようと努力をしています。

48歳になった今、自分がこんな風に自由に、フリーのマーケター・起業家として生きていられるのは、成長の「場」を与えてくれた味の素グループ、一緒に活動してくれた各国の仲間たち、若かりし頃の自分をリードしてくれた偉大なマーケターのお師匠たちのお陰です。私一人の努力だけで得られた経験でもノウハウでもありませんが、分からない中でも常に現場で実践を続けた結果、1つの「型」に仕上がっているのではないかと思います。

この本のタイトルに「日本式」という少し古臭い言葉をつけたのは、日本人でありながら、国境の概念をあまり意識せずに活動している、自分ならではの考え方・やり方がこれからの日本企業のグローバルマーケティングに役立つように思ったからです。「おかげさま」「ありがとう」をいつも心のどこかに感じながら生きている日本人の自分としては、この社会でさまざまな経験をさせてもらったおかげで確立することができた「型」を、「社会共有知」的なノウハウとして体系化・構造化することは、一人の日本人としての社会への恩返し作業でもあります。

私自身がマーケターとしての壁を突破するきっかけになったのは、マーケターになって6年ぐらい経って、生まれつき重度の障がいがあった長男・優大の死に接したことです。「死ぬ以外の絶対なんてない」。心からそう思えるようになった時、「それであれば世の中のお母さんと子どもたちが本当に喜んでくれる商品を残したい」と強く心に誓った日のことを覚えています。結果的にその仕事は大きな社会価値を生み、同時に大きな企業価値を生む仕事になりました。一方で、強い想いが原点になるのは間違いないですが、単なる想いだけではビジネスは成功しません。どうやってそれをつくり上げたのか、そのやり方を単なる理論に留まらず、実務経験や事例とセットで解説する。まだ自分が現役バリバリのマーケターであるうちに、現時点の到達点としてその成功の秘訣をまとめておくことは、今の20代・30代の事業家たちの役に立つかもしれないと考えています。

この本は、〝味の素マーケティング学校〟で習ったマーケティングの基本に、現場で自分なりのやり方で実践を重ね、自分なりのやり方を加えて1つのノウハウとして昇華させた「ヒットの法則15原則」を背骨に置いています。具体的な事例紹介も含めて、実務家だからこそ書ける細部まで、要素をできる限り因数分解して、「ヒット商品」を開発して世界中の顧客にお届けするためのプロセスやコツを埋め込むように工夫しました。

小さな子どもが夢中になって「ＬＥＧＯ」ブロックを組み立てるように、本来、つくるという行為は楽しいものです。最近、高校3年生の息子から「あなたのように好きなことをやって、それをちゃんと仕事にして稼いでいる大人は珍しい。でもそういう大人が増えた方がいいよね」などと言ってもらえますが、それは僕自身が純粋にマーケティングという価値創造活動を楽しんでいるからに他なりません。未来の世代の人たちが、我々が築いて来たノウハウ・経験を糧に、さらに大きな社会価値創造に取り組んでくれたら筆者望外の喜びになります。

想像できることはいつか必ず具現化できます。ただし、ノウハウを得たからといってできるようになるとは限りません。知っていることとできることの間には大きな壁が存在し、誰もがその壁を越えるための思考・努力・工夫を、具体的な行動に起さなければなりません。

世の中に「志」があふれるマーケターがたくさん現れたら、この社会はもっとよいものになる。みんなが幸せに暮らしてゆける社会はきっと自分たちの手で創れます。

この本を読んだ若い読者に一歩前に踏み出す勇気を与え、日々の仕事の中に楽しみを見出すことに少しでも貢献できたら幸いです。

２０２４年1月　中島広数

目次

Chapter 6

ブランドと社会価値・存在意義

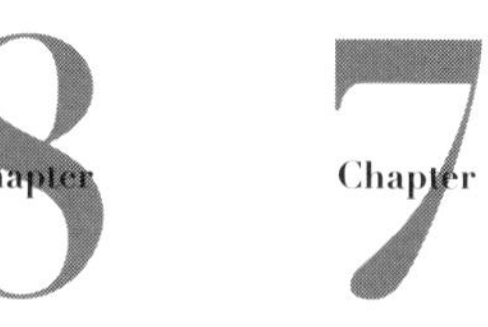

Chapter 1

2050年はアジアの時代

――華人の価値観

日本の成長は止まる!? 日本に未来はない？

日本に暮らしていると、日本という国の将来に関して悲観と楽観という2つの相矛盾する考え方をしばしば目にすることになります。

1つは、日本は人口が減少することで、日本という国の成長も止まってしまうという悲観的な見方です。

2022年5月7日、直後にツイッター社の買収を完了することになるテスラやスペースXのCEOイーロン・マスクが次のようなツイートを行いました。

「当たり前のことを言うようだが、出生率が死亡率を上回るような変化がない限り、日本はいずれ存在しなくなるだろう。これは世界にとって大きな損失となろう」

シリコンバレーから発せられたこのツイートを報じた日経電子版の記事は、その週に読まれた記事のランキングで首位となり、ツイッター（現在はX）上でも実に多くの人がリツーイトしたことで一気に拡散しています。

マスクがこうしたツイートをしたきっかけは、共同通信社が英語で配信した「この1年間に日本の総人口が64万4000人減った」という、人口統計のニュースでした。1億2550万人あまりが暮らす日本の人口が64万人減ったからといって、「日本はいずれ存在しなくなるだろう」というのはあまりに飛躍しすぎだと感じるかもしれませんが、国立社会保障・人口問題研究所の推計（2017年）を見れば、日本が急速に人口減少に向かっていることがはっきりします。推計はこうです。

「日本の人口が1億人を割り込むのは2053年、2090年に約6700万人となり、2110年には約5300万人と推計される」

2053年というとぐっと身近になってきますし、2090年というのも「人生100年時代」と考えれば、若い世代にとっては決して他人事ではなくなります。こうした現象をピーター・ドラッカーは「すでに起こった未来」と表現していますが、たしかにこれほどの勢いで人口が減少し、世界でも類を見ないほどの超高齢化が進む日本にいれば、「日本の成長は止まる。日本に未来はない」と悲観的な気持ちになるのも分からないではありません。

『グレーター日本』としてのポテンシャル

実際、人口が減少してなお経済的に成長し続ける国はありません。それほどに人口と経済発展には深い関係があるわけですが、私自身は、「自分の国が小さいとか、自分の国の経済が発展していないことと、日本が終わりだという話は関係ないだろう」という、極めて楽観的な見方を持っています。

そのように考える理由の1つは、私が所属していた味の素時代の最大のライバルが世界最大の食品・飲料メーカー・ネスレであったことです。同社はスイスに本社を置いていますが、スイスの人口は約870万人に過ぎません。スイスの小さな町出身のアンリ・ネスレが創業した会社ですが、今や世界を相手に944億スイスフラン（約1023億ドル）を売上げるグローバル企業へと成長しています。味の素の売上が1兆3591億円（2023年3月期）ですから、ネスレは日本と比べると人口が約14分の1しかない国に本社を置きながら、味の素の10倍を優に超える売上を記録していることになります。

世界にはこうしたグローバル企業がたくさんあるだけに、これらグローバル企業と競い合ってきた私から見ると、先ほども触れたように「自分の国が小さいとか、自分の国の経済が発展していないことと、日本が終わりだという話は関係ないだろう」というのが正直な感想です。さらに日本には大勢の観光客が訪れており、私が暮らす鎌倉なども、コロナ前の2019年には年間1900万人もの観光客が訪れるなど、外国の人たちから見れば、日本という国には憧れる何かがあります。何か学ぶものがあるからこそ、これほど多くの観光客を引き付けることができるのです。

つまり、日本という国内だけに目を向けると、たしかに少子高齢化が急速に進み、市場も縮小へと向かっているだけに「これ以上成長は期待できない」という悲観論に陥りがちですが、『グレーター日本』と考えて、中国・香港、韓国、台湾、さらにはタイやシンガポール、ベトナムやフィリピンといった東南アジアに目を向ければ、この国にはまだまだ光り輝くチャンスがあり、ポテンシャルに溢れているのではないでしょうか。

だからこそ、私の上の世代が「日本はもうダメだ」と言っているのを聞いても、私を含む下の世代は「いやいや、全然違うよ。日本はまだまだたくさんのチャンスがあるよ」と自信を持って欲しいと思います。

世界をリードする大消費地帯

なぜそこまで自信を持って言えるかというと、「これからはアジアの時代だ」といろいろなところで言われていることもありますが、私自身が味の素時代を含めて東アジアの国々を自分で歩き、この目で見て、そしてビジネスを行ってきたという経験があるからです。

日本列島が真ん中に置かれた世界地図を見ると、日本人は真ん中に日本があって、両側にアメリカと欧州があると勘違いしがちですが、実際には日本の周りには中国・香港や韓国、台湾やフィリピン、タイやカンボジア、ラオスやベトナム、マレーシアやインドネシア、シンガポール、さらにはインドなど多くのアジアの国々があります。

そしてこれらの国々はいずれも経済的な発展を遂げつつあり、「2050年の世界経済

2050年の世界経済状況（PwC調査レポートより）

PPPベースの順位	2016		2030		2050	
	国名	PPPベースのGDP	国名	PPPベースのGDP予測	国名	PPPベースのGDP予測
1	中国	21,269	中国	38,008	中国	58,499
2	米国	18,562	米国	23,475	インド	44,128
3	インド	8,721	インド	19,511	米国	34,102
4	日本	4,932	日本	5,606	インドネシア	10,502
5	ドイツ	3,979	インドネシア	5,424	ブラジル	7,540
6	ロシア	3,745	ロシア	4,736	ロシア	7,131
7	ブラジル	3,135	ドイツ	4,707	メキシコ	6,863
8	インドネシア	3,028	ブラジル	4,439	日本	6,779
9	英国	2,788	メキシコ	3,661	ドイツ	6,138
10	フランス	2,737	英国	3,638	英国	5,369

出所：https://www.pwc.com/jp/ja/press-room/world-in-2050-170213.html

状況」が示しているように、中国とインドが世界の第1位、第2位となり、中国、インド、日本、韓国、ASEANを合計したら、欧米よりもはるかに大きな市場が出来上がることになります。

にもかかわらず、終戦から高度成長期にかけて、欧米、特にアメリカから多くのことを学び、ひたすらに欧米の企業を追いかけてきた世代の人たちにとっては、過去の成功体験もあってか、欧米に対する畏怖があり、東アジアの国々に目が向きにくいところがあります。それが「日本はダメだ」という悲観論にもつながっているのかもしれませんが、目を欧米からア

アジアの中心はどこなのか？

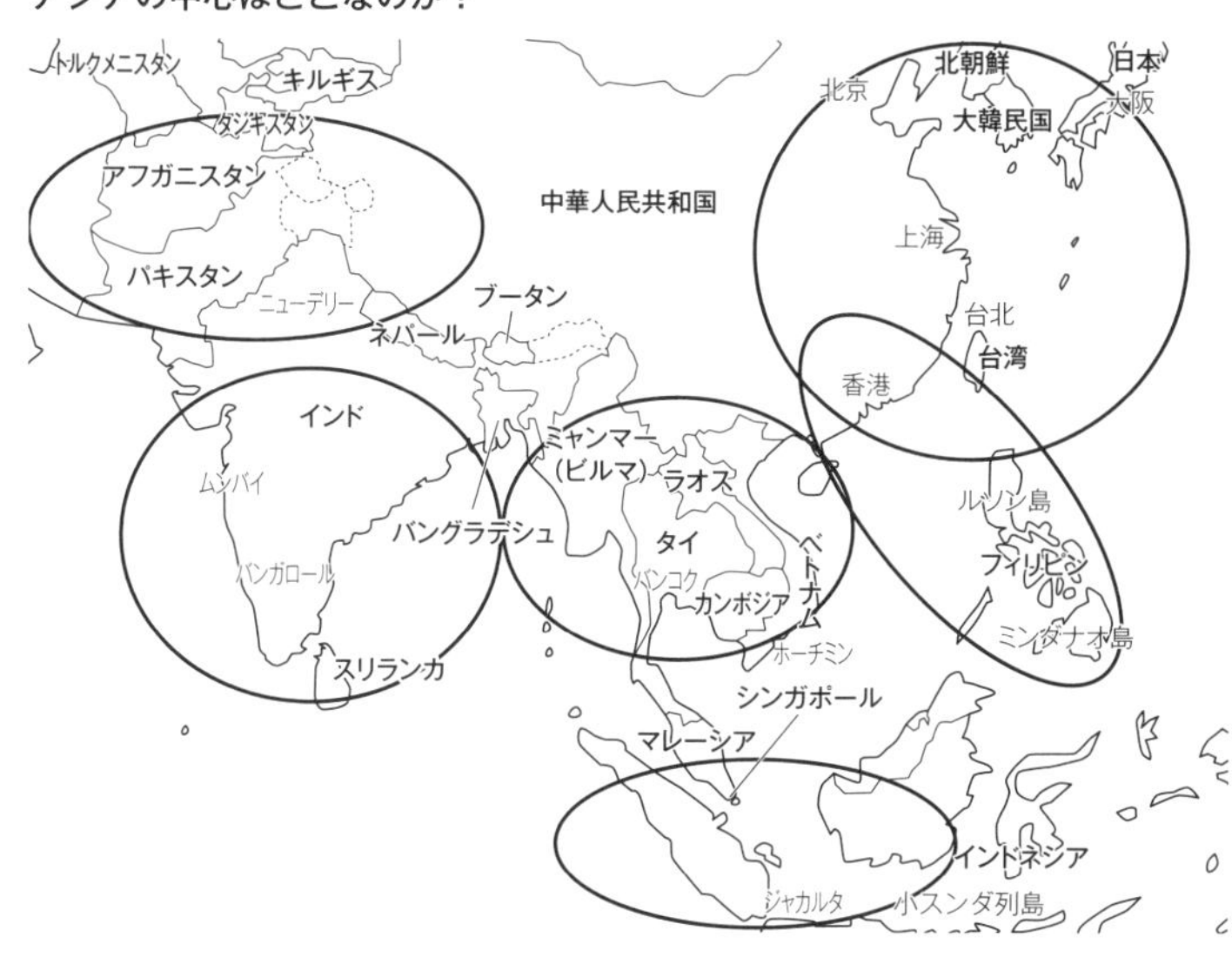

ジアへと向ければ、そこにはすさまじい勢いで成長を続ける国々があり、世界をリードする大消費地帯があるのです。

そしてこれらの国々に目を向け、「アジアが消費をリードしているし、アジアの国々でやっていこうよ」という覚悟さえ持つことができれば、先ほども触れたように「自分の国が小さいとか、自分の国の経済が発展していないことと、日本が終わりだという話は関係ないだろう」と考えることができるし、日本も日本企業もこれからいくらでも発展することができるのです。

アジアのお兄さん国

ただし、そのためにはかつてのように日本が一方的にアジアの国々に「教える」の

華人と日本人の感覚の違い（日本人の価値観）

項目	日本人	華人	華人の意識
重要度	会社>家族	家族>会社	自分の幸せが一番大切
会社とは	社会へつながるもの	生計を立てるもの	
帰属意識	自分は会社に属している	自分に会社が属している	自分のおかげで会社は利益をあげている
誰のため	会社のため	上司のため	上司が部下を引き連れて退職する場合が多い
働き方	協力的	個人的	明確な組織と業務分担が必要
忠誠心	すべての従業員から	コア・グループないしはファミリーから	コア・グループ以外の人は監視の対象となる
雇用制度	終身雇用が原則	転職が基本	7割以上が転職
上司と部下の距離感	距離感が少ない	距離感あり	
会社の存続	会社の維持が大切	ファミリーの維持が大切	家族を会社より優先

出所：日本香港協会 「Chinese Management & Marketing School」より、一部改訂

ではなく、「アジアのお兄さん国」として、華人（アジア各国にいる、マンダリン（＝標準中国語）やカントニーズ（＝広東語）などを話す人の総称）との考え方の違いなどを十分に理解したうえで、日本人にしかできない価値の出し方を大切にすることが求められます。

私が考える「日本式のユニークネス」は3つあります。

① 商品開発力

マーケティング・マネジメントの観点から言うと、日本は八百万（やおよろず）の神が住む、多様性が前提となる国で、「良いものは柔軟に取り入れて、日本に合うように改良をして、独自価値に変換できる」というすごい能力を持っています。これができる国はほとんどありません。

たとえば、中国で誕生したラーメンが日本に入り、安藤百福さん（日清食品創業者）の手によって世界初のインスタントラーメンやカップヌードルが生まれていますし、現代では、豚骨ラーメン店の一風堂も中国で大変な人気を博しています。

インドで生まれたカレーも日本に入り、すっかり日本の国民食となったわけですが、そこで誕生したカレーチェーンの「ＣｏＣｏ壱番屋」がインドに逆上陸したというのも、いかにも日本らしい出来事と言えます。

あるいは、元々は日本のコンビニエンスストアはアメリカのセブンイレブンのノウハウを導入することではじまるわけですが、やはり日本で独自の発展を遂げて世界に出て行っただけでなく、日本のセブンイレブンが親とも言えるアメリカのセブンイレブンを買収したことで、今では日本のコンビニエンスストアが世界のスタンダードになっています。

さらにトヨタ自動車がつくり上げたトヨタ生産方式も、元々はアメリカで生まれたフォード生産方式や同じくフォードのサゼッションシステムにヒントを得ているわけですが、こちらも日本で磨き抜かれることで世界レベルの生産方式となり、アメリカでは「リーン生産方式」として広まっています。

このように日本には世界の良いものを柔軟に取り入れて、日本独自の知恵を加えることで改良し、独自価値に変換できる素晴らしい能力があります。日本は日本発のオリジナルのない国と見られがちですが、オリジナルの発明を改良し、世界の人々が使えるものに変えていく力を備えているという点では誇って良いのではないでしょうか。
どんな優れた発明もこうした改良を経ずして広まることはありません。

② フラットなマネジメントスタイル

アメリカの企業を見ると、アップルの創業者スティーブ・ジョブズや、スペースXの創業者イーロン・マスクのように、カリスマと呼ばれる経営者が圧倒的なビジョンを掲げてものすごいものをつくっていくというイメージがありますが、それとは好対照なのがパナソニックの創業者である松下幸之助さんの「衆知を集める」という考え方です。

松下さんは幼い頃から病弱で、幼くして丁稚奉公に出されたため、学歴もなく、資金も人脈もないところから仕事をはじめ、22歳で改良ソケットの製造販売を開始、やがてパナソニックという世界的企業をつくり上げた伝説の経営者であり、「経営の神様」として京セラの創業者・稲盛和夫さんなど多くの経営者から尊敬される存在です。

しかし、それほどの人物でありながら「たくさんの人の知恵を集め、真の衆知として生かす」ことこそが素晴らしい製品をつくり、素晴らしい企業をつくり上げることにつながると信じていました。今でこそこうした考え方を取り入れる企業は少なくなく、グーグル（アルファベット）の元CEOのエリック・シュミットなども「私たちの誰一人として、私たち全員より賢いということはない」と話していますが、これらは日本式のユニークネスの1つと言うことができます。

実際、トヨタ自動車も「一人の100歩より100人が1歩ずつ」という標語を掲げているように、たった一人のスーパースターに頼るのではなく、世界中の社員から集まる年間数十万件の改善提案こそがトヨタのモノづくりを進化させていると信じています。

ただし、ここで注意すべきは「衆知を集める」が、時に「小田原評定」となり、「誰も何も決めないで時間だけが過ぎていく」になることです。私がかつて香港の取引先に「日本の商品を香港に出したいんだけど、どう？」と聞いたところ、返ってきたのは「まあ、いいけど、日本人は判断が遅いから嫌なんだけど……」とはっきりと言われたことがあります。

大切な決定だけでなく、打ち合わせの設定なども含めてすべてが遅く、それが日本企業がチャンスを逃す一因ともなっています。こうした点を理解していたのが松下さんです。松下さんは衆知は集めるけれども、最後に決めるのは自分と考えていましたし、部下に対しても「考える時間は必要だが、考えておくというのはダメ」と言い切っています。即断即決ができないなら、「明日の何時までに」と時間を区切ることが大切だと知っていたからこそ、松下さんは世界で成功することができたのです。

衆知を集めること、それは日本が誇るフラットなマネジメントスタイルですが、決して単なる「時間稼ぎ」「責任逃れ」ではないのです。

③ 生来の社会価値創造の精神

3つめの日本式のユニークネスは、「おかげさま」や「お天道様が見ている」「三方よし」といった考え方です。

現在、欧米の人たちが「サステナビリティ」や「SDGs（持続可能な開発目標）」などと言っていますが、私たちの感覚からすれば「いまさら？」という感じではないですか？

たとえば、近江商人に由来する「三方よし」は「売り手よし、買い手よし、世間よし」のことですが、商売というのは売り手さえ儲かればいいというものではなく、買い手にもメリットがなければなりませんし、それが社会のためにもなるというのが日本的な発想です。世の中のおかげで商売ができている以上、世のため、人のためを考えながら商売をするのは至極当然のことと言えます。

「アジアの時代」に日本ができること

このように日本人には世界が「何かお前らすごいな」と一目置くような価値があります。

一方で、華人にはやはり私たちが一目置くような価値があり、学ぶべきものがたくさんあります。そしてそれは日本人や華人に限ったことではなく、アジアのそれぞれの国に一目置くべき価値があり、学ぶべきものがあるのです。

これまで日本人は欧米にばかり目を向け、欧米から学び、欧米の企業に『追いつけ追い越せ』と遮二無二やってきたわけですが、これからはすぐそばにあるアジアの国々に目を向け、お互いのいいところを持ち寄って、アジアという世界最大の市場ですごいものを生み出すことが求められます。

それができたなら『アジア人は世界最強』であるというのが、長くアジアの国々でビジネスを行ってきた私の偽らざる心境なのです。多くの人が認めているように2050年はアジアの時代であり、そこにおいて日本ができることはとても多いのです。ただし、そのためには日本人も日本企業も、もっともっと世界、そしてアジアに目を向けなければならないし、成長著しいアジアの人々や国々について知る必要があります。

もしそれをせずしてこれまでのように欧米だけを見ていれば、日本企業も日本という国も衰退に向かうことになりますが、アジアに目を向けて、お互いの強みを認め、それらを持ち寄ることができれば、日本企業も日本という国にもまだまだ光輝くチャンスがあるし、大きく発展していくことも可能になるはずです。その際、大きな役割を果たすのが「グローバルマーケティング」なのです。

次章からは私が学び、今も実践し続けている「日本式グローバルマーケティング」について説明していきます。

Chapter 2

新事業・新バリューチェーンの創造

マーケティングとは何か

グローバルマーケティングについて説明する前に、「マーケティングとは何か」について説明します。

私にとっての基本教科書とも言える『マーケティング戦略』（有斐閣アルマ）によると、マーケティング自体は、19世紀末から20世紀初頭にアメリカで生まれています。

広告や販売員管理など既に19世紀末に見られていた部分的マーケティング活動が、20世紀に入り、「ブランド、広告、販売員、流通チャネル、価格などの諸手段を統合的に管理する、総合的営業活動としてのマーケティングとして展開されるようになった」わけですが、１９２９年の大恐慌によって消費が大きく減退する中、「つくったものを売る」という「プロダクト・アウト」的なマーケティングから、「売れるものをつくる」という「マーケット・イン」的なマーケティングへと大きく変化します。

結果、マーケティングに対する考え方が大きく変化し、製品計画としてのマーチャンダイジング概念がマーケティングの中核に据えられ、その流れの中、１９３０年代には消費者のニーズを探るマーケティング・リサーチが発展します。そして第二次世界大戦後の技術革新の中、巨額の投下資本の回収と、大量生産製品の大量販売という責務を果たしていくために、生産だけでなく、財務や人事など、あらゆる企業活動を計画し、組織し、統制

Marketing=バリューチェーン創造活動

・マーケティングとは、アイデア創出・コンセプト企画・プロダクト開発・原料調達・工業化/生産・物流・営業企画・広告/販促/PR等、さまざまな部門と連携した活動の結果、「商品」というアウトプットをお客さまに届ける**フロー全体**を指す。

・流れが良ければ素晴らしいアウトプット。流れが悪ければ滞ったり、途中で詰まったり、ロス（機会損失）も出る。肝は**「整流化」**。

マーケティング活動の全体像

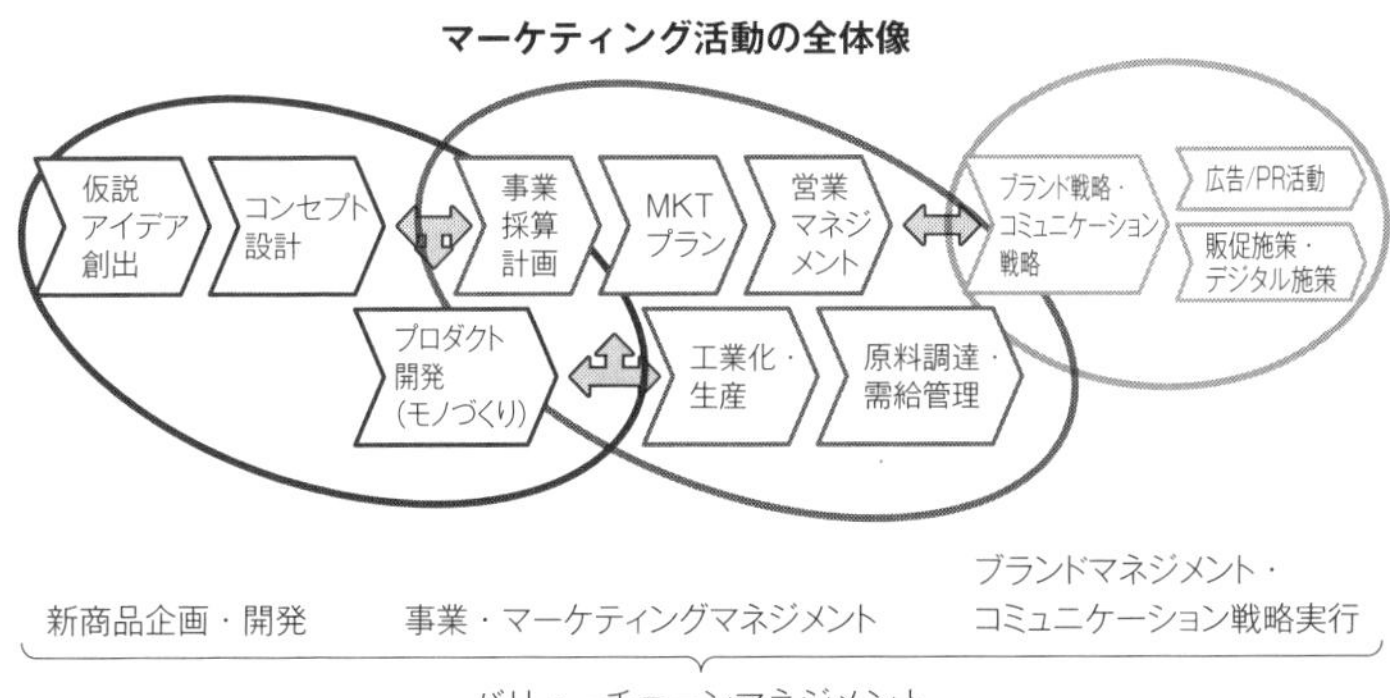

する基礎として「マネジリアル・マーケティング」へと自己革新を遂げ、今日に至っていると、『マーケティング戦略』には述べられています。

以上が教科書的な「マーケティングとは」という解説ですが、私自身は今日のマーケティングについて次のように定義しています。

「社会に存在する顕在ニーズや潜在ウォンツ・社会課題を汲み取り、その解決策としての商品やサービスを提供することによって、対価としての売上・利益を継続的にいただける仕組みをつくること」

「Marketing」という言葉自体、「Market+ing」なので、本来、市場創造とか需要創造がマーケティングの役割であり、しばしば誤解されがちな、ただ格好いい広告をつくるとか、デジタルで運用する、最適化するといった、それだけを指す言葉ではないというのが私の考え方です。

昨今、「デジタルマーケター」という言葉もよく聞くようになりましたが、本来、広義のマーケティングというのは、単なる「デジタルなどを巧みに使っていかに売るか」ではなく、「アイデア創出・コンセプト企画・プロダクト開発」を統合するものであり、原料調達・工業化、生産・物流、営業企画、広告・販促、PRなどさまざまな部門と連携した活動の結果、「商品」というアウトプットをお客さまに届けるフロー全体を指す概念なのです。

この活動全体を称して「バリューチェーン」と呼びますが、チェーン全体の流れが良ければ素晴らしいアウトプットが出来上がりますし、流れが悪ければ滞ったり、途中で詰まったり、ロス（機会損失）も出ることになります。バリューチェーンマネジメントにおいては、仕事の流れを整えて、まるで大河のようにゆっくりと流れ続けるフローをつくる、即ち「整流化」がとても大切になります。

顧客はハンターになった

もちろん最初はマーケティングがこれほど広いものであると考えられていたわけではありません。日本にマーケティングという概念が紹介された1970年代には、日本が高度成長期を経てようやく豊かになりはじめたということもあって、世の中全体に満たされないマスのニーズがあり、最初に説明したようなプロダクト・アウト型の商品開発でもある程度はヒット商品をつくることができました。

「つくれば売れた」時代は、マーケティングも「いかに売るか」を考えていれば良かった時代と言えます。しかし、今日のように日本の市場が成熟化して、「絶対に買いたいものはあまりない」時代に入ると、かつてのような画一的なマスの需要を期待することはできず、市場は細分化され、競合はさらに厳しさを増すことになります。

花王が提唱した「スモールマス」という考え方があります。

「スモールマス」というのは、従来のマスよりも小さいマス（＝スモールマス）に焦点を当てた考え方ですが、その背景にあるのはライフスタイルの変化などにより消費者の興味やニーズが多様になり、かつてよりも小さな、そしてたくさんのマスが生まれてきたという事情があります。こうしたスモールマスに対して、かつてのマス市場を対象とした考え方で商品を開発し販売しようとしても、かつてのようなヒットを望むことはできません。

さらにインターネットなどの普及により、消費者がかつてとは比較にならないほどのたくさんの情報を手にする（フィリップ・コトラーは「顧客はハンターになった」と表現しています）ようになったことで、従来のやり方では「この商品はあなたに向けたものである」が伝わりにくくなったのも事実です。

つまり、企業活動とマーケティング活動の関係性に変化はないものの、今日においてはマーケティングには従来とは異なる新しい商品企画・マーケティングプランニングの手法が求められるようになっています。

イノベーションは部外者が起こす

さらにマーケティングを取り巻く環境の変化として顕著なのが、競合環境・市場環境・技術進化のスピードが目まぐるしい、ことです。

イノベーションはしばしば外から来た部外者が起こすことが多いというのはよく言われることですが、たとえば、テスラのＣＥＯイーロン・マスクが電気自動車の『ロードスター』や『モデルＳ』『モデル３』などをつくったことにより、トヨタ自動車をはじめとする大手自動車メーカーはガソリン車から電気自動車へのシフトを大急ぎで進めざるを得なくなっています。

これほど大きな変化でなくとも、たとえばシャンプーの『Botanist』がデジタル市場での成功を経て、一気にオフライン市場での販売も拡大したことを受け、業界のガリバーだった資生堂や花王の牙城が脅かされるという現象も起きています。

ほかにもかつてビール業界は「ビール　対　新ジャンルビール」という戦いさえ想定しておけば良かったわけですが、最近では、そこにハイボールが加わったことで「ビール　対　ハイボール」というカテゴリー外の競合まで生まれています。

こう見てくると、マーケティング活動のセオリーに関して本質的な変化こそないものの、それまで想定していなかったライバルが業界の外から突然登場したり、デジタル化がマーケティング戦略の立て方を大きく変えるといった変化が起きているのも事実なのです。

そしてこうしたデジタル化の進展が大きな影響を与えているのがグローバルマーケティングとなります。歴史とともにその変化を見ていきます。

グローバルマーケティングの概念が変わった

『1からのグローバル・マーケティング』（碩学舎）によると、国を超えたマーケティングは、第二次世界大戦後の1950年代にアメリカではじまっています。

当初はアメリカ企業がヨーロッパや日本などに輸出をするにあたってマーケティングの

考えを適用し、「輸出マーケティング」という形で展開されます。そこでは国内と海外という異なる環境によってマーケティングがどう異なるのかに関心が集まり、環境論的アプローチが重視されます。

その後、1970年代に入ると、多国籍企業化したアメリカの巨大製造業が主役となり、単に輸出を行うという段階を超え、多数の国に生産と販売の拠点を持つ、企業の国際マーケティングが展開されます。その際、課題となったのが本国と進出した国の間、また進出した多数国間でのマーケティングの標準化・現地化などです。

さらに進んで1990年代には、欧米の企業に加え、日本の多国籍企業も、世界的な生産・販売拠点の配置を終え、全地球的な視野で全体の調整や統合を考えるグローバルマーケティングが展開されることになります。

そして2000年代に入ると、先進国市場の成長に限界が見えはじめる一方、中国やインド、ロシア、ブラジルをはじめとする新興国市場の可能性が注目されるようになり、先進国中心のマーケティングから、全地球的な規模のマーケティングへと変化してきます。

こうした流れは今も同様で、日本式グローバルマーケティングにおいても、

①日本国内でまずヒットする
②海外に輸出される
③現地化する

④**多国化する**

⑤**世界規模に広がっていく**

というサイクル自体は、今後も同じサイクルが続くと思います。しかしながら、大きな変化の1つは、**「情報が一気に世界中に広がる」**という点です。

たとえば、日本で何が売れているのかについては香港人も中国人もすぐに調べられるし、知ることができますから、日本で売れていない商品を輸出しようとしても、それは不可能です。彼らが欲しいのは日本で売れている、日本のナンバーワンであり、もしそうであれば今日のように情報が一気に広がる時代には、東京も上海も北京も香港も台北の消費者も、同じような情報を得て、同じような購買行動を起こす可能性が高いのです。

少し前に、日本でもタピオカミルクティが流行しました。これは元々は台湾のものですが、ミルクティー自体は香港でも飲まれており、少なくとも台湾や香港で流行すると、それが中国大陸や日本にも伝わり、ほぼ同時進行のような形で流行するという現象が起きています。

では、なぜこんなことが可能なのかというと、情報の伝わり方ももちろんありますが、もう1つの理由はそれぞれの国が豊かになり、自国の通貨が強くなったこともあります。日本と台湾、香港と中国では、食べたり飲んだりした時のお金の価値がほぼ同じくらいになったことで、それぞれの国でヒットしたものが、ほとんど時差なく輸出され、受け入れられやすくなったという理由もあります。

その意味ではマーケティング活動のセオリー自体に大きな変化はありませんが、インターネットの普及によって情報の伝わり方が早くなったことと、元や台湾ドル、香港ドルなどの価値がそれなりに上がり、購買力が高まったことが、私たちより上の世代のマーケティングの常識とは大きく変わってきたというのは頭に入れておくことが必要になります。

「日本がダメなら海外へ」は通用しない

このように企業にとって世界、特にアジア市場は非常に魅力的な市場となりつつあるだけに、ぜひとも海外市場へと打って出たいところですが、その際に参考にしたいのが「アンゾフの成長マトリクス」と呼ばれるフレームワークです。

経営を取り巻く環境が大きく変わる中、企業が成長を続けるためにはどのような成長戦略を取ればいいのか、そのヒントとなる考え方が「アンゾフの成長マトリクス」です。考案者のイゴール・アンゾフは、「戦略的経営の父」と呼ばれる、ロシア系アメリカ人の経営学者ですが、その業績の中で最も有名なものの1つです。

これはビジネススクールでも必ず取り上げるものですが、既存製品、新市場、既存市場、新製品という軸があって、エリアを広げるか、新しいものをつくるか、というどちらから

どの事業分野で自社ならではの事業成長をするか？

アンゾフの成長マトリクスとは

イゴール・アンゾフ(1918－2002)は、「戦略的経営の父」とも呼ばれるロシア系アメリカ人の経営学者です。彼の業績のなかで、最も有名なものが「アンゾフの成長マトリクス」と呼ばれるフレームワークです。
アンゾフは、成長戦略を**「製品」**と**「市場」**の2軸におき、それをさらに**「既存」**と**「新規」**に分けました。

市場（対象となる個人・組織） \ 製品（自社が提供する製品・サービス等）	既存	新規
既存	市場浸透戦略 既存製品×既存市場	新製品開発戦略 新規製品×既存市場
新規	新市場開拓戦略 既存製品×新規市場	多角化戦略 新規製品×新規市場

出所：中小企業庁HP「ミラサポPLUS」

行くかを検討するものです。

こうした検討をするにあたって注意しなければならないことの1つは、「日本でダメだから海外に行くか」という、安易に海外という新市場への進出を考えてしまうことです。

少し考えれば分かることですが、たとえば味の素が日本の食品メーカーのナンバーワンだからと海外に出たとして、そこには日本国内とは比較にならないほどの手強い敵がいるということです。たとえば、海外に行けば、味の素の10倍以上の売上を誇るネスレや、4倍以上の売り上げを誇るユニリーバがいるわけで、安易な気持ちで海外に出たらとんでもないことになるというのが理解いただけると思います。

同様の話ではトヨタ自動車の元社長・張富士夫さんによると、トヨタは日本国内では圧倒的なシェアを誇っており、アメリカでもかなりのシェアを持っているわけですが、では他の国ではどうかということでかつてヨーロッパの街角に立って通る車を見ていたら、トヨタの車はほとんどなかった。つまり、世界シェアや売上の巨大さだけで判断すると間違いを犯す、というのです。

2023年の春に上海出張に行った時、私も中国の街角に立って、通る車のメーカーを見ていると、確かに日本車は驚くほど少なくなり、テスラや中国のBYDといった電気自動車メーカーの車が急速に増えていることに気づかされました。世界ナンバーワンの自動車メーカーであるトヨタでさえ、このように日本を出れば十分なシェアがとれない国があるのですから、「日本がダメなら海外へ」と考えている経営者は、海外に行き、その目で「何が売れているか」を見ておく必要があります。

成長するうえで「新規市場開拓」はとても魅力的ではあるのですが、安易な海外進出はより手強い敵や市場を相手にすると知ることも大切です。

はじまりはヒット商品、それを生み出すのがマーケティング

では、アンゾフが言うところの「新製品開発」はどうでしょうか。

マーケティングの4Pというと、

①Product（製品）

②Price（価格）

③Promotion（プロモーション）
④Place（流通）

となりますが、特に大切なのは「並列の4Pではなく、独創的なProductを」という考え方です。

私が理想とするマーケティングは次のようなものです。

「『こういうものがあったら、このような行動が起こるのではないか』という仮説とかアイデアが、情熱とセットになった時、それは仕組み化して事業化できる。今までに見たことがない商品が世に生み出されることによって、新しいバリューチェーンをつくり出す。これが本来のマーケティングである」

その最も良い例がコカ・コーラです。コカ・コーラは元々エイサ・キャンドラー一族が経営していましたが、1919年にロバート・ウッドラフの父親が買収、ウッドラフに経営を任せたものです。当時のコカ・コーラは借金だらけの厳しい経営を強いられていましたが、ウッドラフは本格的にはじまったモータリゼーションの波に乗るべく幹線道路沿いの看板を買いまくり、コカ・コーラの商標のついたカレンダーやナプキンを全米中にばらまきます。

さらに第二次世界大戦中には、コストを度外視してどの戦地でも兵士が5セントでコカ・コーラを買えるようにあちこちの戦地に工場をつくります。結果、戦場では数々のコカ・コーラにまつわる伝説が生まれ、コカ・コーラのブランドは、世界一の投資家ウォーレン・バフェットが「一生持ち続けたい」と惚れ込むほどのものになったのです。

同じく圧倒的なブランドをつくり上げたのが日本の任天堂です。

同社は元々はトランプや花札を製造するだけの会社でしたが、1949年に弱冠22歳で3代目社長となった山内溥さんが日本初のプラスチック製トランプやウルトラハンドといったアイデア玩具をヒットさせることで徐々に変貌を遂げ、83年のファミリーコンピュータの発売、85年のスーパーマリオブラザーズの世界的ヒットにより爆発的に成長しています。

両社ともそれまで世の中になかった製品をつくり、その独創的なプロダクトを広くお客さまに届けるために新しいバリューチェーンをつくり上げています。アップルの創業者スティーブ・ジョブズも、iPhoneやiPadなど次々と世界的大ヒット製品を生み出すことで同社を時価総額世界ナンバーワンの企業へと成長させています。こうした企業を見るにつけ、すごい会社をつくるためのはじまりはヒット商品であり、それを生み出すのがマーケティングだと私は考えています。

成長マトリクスの縦横両方をやり続ける

ヒット商品を生み出し、日本国内で成功し、そして海外進出でも「アンゾフの成長マトリクス」的な成長を続けているのが、私が所属していた味の素です。

味の素の場合、既存商品がうまみ調味料『味の素』で、それを『ほんだし』にするのが、アンゾフで言う**「新規製品×既存市場」**です。『味の素』から『ほんだし』に行って、『クックドゥ』に行って、カップスープに行って、冷凍食品に進んだのが日本事業の例です。

そして1950年から60年にかけて、先人たちの苦労によって日本からタイ、フィリピン、インドネシアと、うまみ調味料を世界に広めていく、つまり、**「既存商品×新規市場」**となります。

グローバルマーケティングの本には、味の素の成功の歴史はうまみ調味料を世界に売ったことだと書いてありますが、現実にはそれだけで1兆円企業になることはできません。味の素の成功は「アンゾフの成長マトリクス」の、まさに縦と横の両方をやり続けたからこそなのです。

日本の企業の中で縦と横の両方をやっているところは案外少なくて、横はできても縦は

海外ビジネスでの勝ちパターン（味の素社の二次元展開）

近年の市場変化

東南アジア、南米においては所得水準が向上し中間所得層が拡大。都市化やライフスタイルの変化に伴い、市場は伝統市場から量販店、コンビニエンスストアへと多様化しています。また、調理が簡便な加工度の高い製品への需要増加といった変化も見られ、各国で対応を進めています。

製品展開の考え方

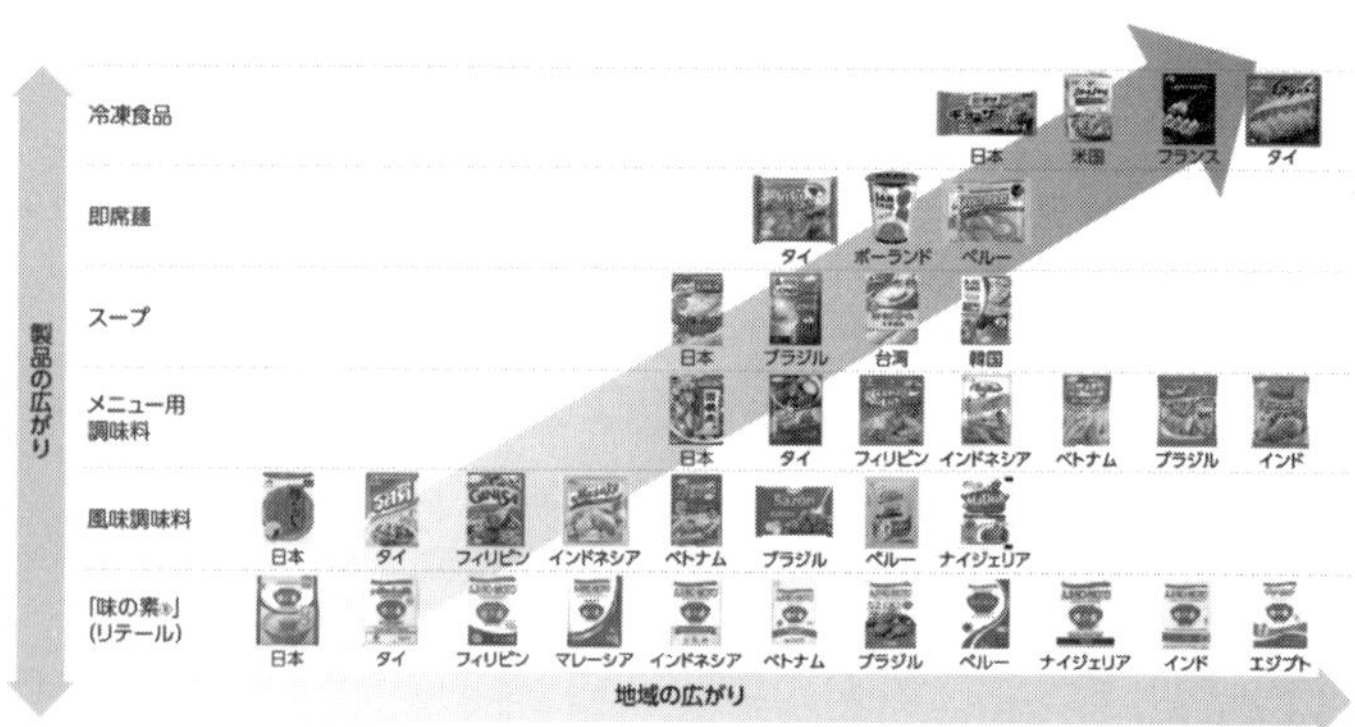

出所：味の素社HPを元に著者作成

できないとか、縦はできても横はやりたくないといったところが多いと感じています。しかし、世界に目を向ければ、コカ・コーラは縦も横もやっていますし、両方やっている企業は多く、その点では味の素の先人たちは偉大だったなと思います。

さらに言えば、味の素の場合は現地に行って、日本の商品を売るだけでなく、現地の味の素がそれぞれの国で横の展開にとても注力しているという特徴があります。

たとえば、タイにＡＲＨ社という味の素アセアン地域統括社というのがあります。最近では、その会社がリーダーシップを発揮してパキスタンに新規事業参入を果たしました。その際、何を売るかと

グローバル・マーケティング発展モデル

①輸出マーケティング

現在のフィリピンの
Wet market

②インターナショナル・マーケティング

うま味調味料「味の素」以外に多数の商品を展開

③マルチナショナル・マーケティング
（アジア全域で成功事例の横展開）

同じ事業展開をインドネシア、タイ、カンボジア、ミャンマーにも横展開

いうと鶏の唐揚げ粉です。私たちの感覚からすると、「なぜ」となりますが、この製品をつくって大成功を収めたのがインドネシアの味の素です。

インドネシアというのはイスラム（ハラル）文化圏で、ラマダンという断食月の時、夜、ものすごい量の鶏の唐揚げを食べるという習慣があり、鶏の唐揚げ粉がとてもよく売れています。

一方、パキスタンも国民の97％がイスラム教徒というイスラム文化圏ですから、インドネシア市場で成功体験のある鶏の唐揚げ粉でパキスタンへの新規参入を図るというのがＡＲＨ社の方針となったわけです。

つまり、グローバルマーケティングというのは、最初にヒット商品があり、それを海外に輸出して広める活動があるわけですが、次には現地化をしてそれぞれの国に普及定着させたあとは、それぞれの国や地域において『アンゾフの成長マトリクス』が言うところの**「縦と横への展開」**を行うことで初めて真の成功を手にすることができるのです。

Chapter 3

マーケター力＝思考力×対人力×人間力

マーケティングを担う「マーケター」の役割

ここまで「グローバルマーケティングとは何か」「グローバルマーケティングを成功に導くためにはどのようなステップを踏めばいいのか」について書いてきましたが、ではそれは誰が中心になって進めればいいのかというと、その役割を担うのが「マーケター」となります。

マーケティング部門における業務分担は大きく、「企画・開発マーケター」と、「販売マーケター」に分かれます。

【「企画・開発マーケター」の役割】

①市場・消費者分析
②STP(セグメンテーション、ターゲティング、ポジショニング)設定
③商品コンセプト企画
④製品開発マネジメント
⑤コミュニケーション戦略企画

【「販売マーケター」の役割】

①マーケティングプランニング
②採算管理
③需給マネジメント
④販売マーケティング（含む営業値引き）コントロール
⑤営業部門との連携（売り場管理・販促遂行）

このようにマーケティング部門の業務は非常に幅広く、多岐にわたるわけですが、なぜそうなるかというと、第2章でも触れたようにマーケティングというのは、「アイデア創出、コンセプト企画、プロダクト開発、原料調達、工業化・生産、物流、営業企画、広告・販売・PRなどさまざまな部門と連携した活動の結果、『商品』というアウトプットをお客さまに届けるフロー全体を指す」活動だからです。

それだけマーケターには幅広い知識や経験が求められるわけですが、現実には「企画・開発マーケター」を技術畑の人、R&D出身の人がやっていることも多く、営業経験のなさから開発した製品をどう売っていいのか分からないというケースも結構あります。

一方、「販売マーケター」はどうすれば売上が上がるのか、どの問屋さんと付き合えばいいのかはよく分かるのですが、売れる商品をつくるうえで重要な商品コンセプトはつくれないというケースも同様に散見されます。

私自身は幸い味の素時代、最初に「企画開発マーケター」をやらせていただいて、次に「販売マーケター」、のちに両方を見るグループ長も経験したことで、マーケティングの全体像を見ることができるわけですが、マーケター全員が私と同様の経験をできるわけではありません。

しかし、マーケターにはマーケティングの全体像を見ながら、個々の業務をしっかりと進めていくことが求められます。その際に求められるマーケターの能力を見ていくことにします。

思考力×対人力×人間力＝マーケターの力

長年、マーケターを務めてきた私の経験から、能力発揮のベースは

思考力　×　対人力　×　人間力　＝　マーケターの力

という数式で決まると考えています。

総エネルギーをどの割合でどこに振り分けるかは人それぞれですが、私自身が味の素の海外事業発展の礎をつくったレジェンド・故・古関啓一さんから教えてもらったのは、「海

外に行って現地の人たちと仕事をしようと思ったら、頭を使って、気を遣わなければならないよ」でした。

頭がいい人というのは、時に相手も自分と同じレベルだと錯覚するのか、相手が理解できるかどうかお構いなしに指示命令を出してしまい、相手が期待通りに動いてくれないと、「どうしてこの程度のことが分からないんだ」と怒ったり、「まったくバカばっかりだ」と相手を非難しがちです。

しかし、会話というのは一方通行ではダメで、部下や取引先が話す内容をしっかりと理解したうえで、実際に行動に移して初めて「伝わった」ということになるのです。現地に行ったら、現地の人たちの生活や考え方を知る努力をしたうえで、コミュニケーションの取り方も「相手の目線」に合わせ、「相手に伝わる話し方、伝え方」をして初めて相手を動かすことができるわけですが、これが「頭を使って、気を遣う」ことになります。

とはいえ、日本人には案外とこれが難しいのは、日本人が世界で一番とも言える「ハイコンテクスト文化」の中で育っているからです。「ハイコンテクスト文化」というのは、暗黙の了解（前提となる知識やカルチャー）が多く、多くを語らなくとも、空気を読むとか、察する、行間を読むようなコミュニケーションのことです。これでは海外に多い「ローコンテクスト文化」（前提となる知識やカルチャーの理解がなくとも分かるような、シンプルで明快なコミュニケーション方法）の中で自分の考えを伝えるのはとても難しくなります。

海外においても「空気を読む力」は貴重なものですが、空気を読んで発言しないのではなく、空気を読んだうえであえて発言することも必要です。苦手な人が多いとは思いますが、そういう文化的背景の違いがあると割り切って行動してみてはいかがでしょうか。

マーケターはオーケストラの指揮者であれ

このようにマーケターには **「頭を使って、気を遣って、人を動かす」** 力が求められるわけですが、もう1つ大切なのが **「座組みと仕切りとブリーフィングの力」** となります。

先ほども触れたようにマーケティングというのは、「アイデア創出、コンセプト企画、プロダクト開発、原料調達、工業化・生産、物流、営業企画、広告・販売、PRなどさまざまな部門と連携した活動の結果、『商品』というアウトプットをお客さまに届けるフロー全体を指す」活動だけに、マーケター自身多岐にわたる活動を求められるだけでなく、多くの部門の人たちと接して、一緒に仕事をすることが必要になります。

「マーケターはオーケストラの指揮者であれ」が味の素だけでなく、いろいろな会社で言われている理由がそこにあります。オーケストラというのはそれぞれの楽器のプロが集まっているわけですが、その能力を生かすも殺すも指揮者次第です。優れた指揮者というのは、それぞれのパートの人にどんな能力があって、どんな個性の持ち主なのかを十分に理解したうえで、それぞれの良さを引き出しながら、全体の音楽を組み立てることができます。マーケターに求められるのもそれぞれの部門のプロの力を引き出しながらヒット商品をつくり、日本へ、そして世界へと広めていくことなのです。

そしてそのために必要なのが「座組みと仕切りとブリーフィングの力」となります。

私は中国の秦の時代に生きた斉の孟嘗君（もうしょうくん）の「鶏鳴狗盗（けいめいくとう）」の話が好きで、私の会社「freebee」は、孟嘗君が食客を遇した時の考え方を組織運営の参考にしています。「鶏鳴狗盗」というのは、秦の昭王に捕らえられた孟嘗君が、狐の皮衣を狗の真似をする食客に盗み出させて、王の寵姫に贈り、逃れて夜半に函谷門に来たものの、鶏が鳴くまで開門しない掟があったため、鶏の鳴き真似が上手な食客に鳴き真似をさせて脱出に成功したという話です。

ここから鶏の鳴き真似や、盗人のような技能でも役に立つことがあることのたとえとして「鶏鳴狗盗」という言葉が生まれています。ここではどちらかというと、「つまらない才能でも」という少しバカにした言い方になっていますが、私自身は、人にはそれぞれ得意なことがあり、たとえば絵を描くのが上手いとか、話すのが上手、あるいは資料づくりは上手い、写真を撮らせたらプロ並みといった1つでも優れたものがあれば、そういう人のいいとこ取りをして、上手に組み合わせることができれば、案外凄いことができるというように解釈をしています。

そしてこうした人たちに何かを頼む時には、以下のような姿勢があって初めて「人を動かす」ことができると思います。

①依頼の目的やゴールを明確に

②依頼の背景、相手にやってほしいこと、制約条件（含む予算）、スケジュールをはっきりと

③相手を尊重し、信頼し、相手の力を引き出す姿勢

どんなマーケティングでも、駄作をヒットさせることはできない

このようにマーケティングはとても幅広い分野をカバーし、マーケターにも多岐にわたる業務が求められますが、なぜこれほど多様な活動が必要かというと、マーケティングというのは単なる宣伝活動ではないし、宣伝さえすればものが売れるわけではないからです。根底にあるのはヒット商品のコンセプトを考え出すことであり、ヒット商品を実際につくって初めてものは売れるし、ヒットするからです。

アップルの創業者スティーブ・ジョブズはプレゼンテーションの達人として知られてい

ましたが、ジョブズはアップルを追放された後に創業したピクサーのCEO時代、こんな言葉を口にしています。

「どんなマーケティングでも、駄作をヒットさせることはできないからね」

ピクサーは最初の『トイ・ストーリー』以来、失敗作のない会社として知られていますが、その成功を支えたのはディズニーの巧みな宣伝もあったものの、やはり作品そのものが長く愛される価値を持っていたからです。

だからこそジョブズはアップルにおいても圧倒的に優れた製品をつくることを何より大切にしており、その製品に合った紹介の仕方や販売の仕方が相応しいということでプレゼンテーションに力を入れ、世界各地にアップルストアをつくったのです。

同様のことはフィリップ・コトラーも言っています。

「世界一優秀なマーケティング部門であっても、粗悪品やニーズに合わない製品を売ることはできないのである」

「マーケティングは販売に注力するのではなく、むしろ販売が不要なほど魅力的な製品の開発に注力すべきだ」

つまり、マーケティングが効果を上げるには、製造から販売まで、あらゆる部門が「お客さまを満足させる」という明確な目標に向かって力を合わせることが必要で、その流れを指揮者としてタクトを振るのが「マーケター」の役割なのです。

最近ではデジタルマーケティングが注目されたことで、商品開発部などとは別にマーケティング部をつくったり、デジタル専門部隊をつくる企業もあります。たとえ一時的には効果が出たとしても、長続きしなければ価値を残すことはできません。問題はそこにヒット商品になるだけの素晴らしい商品があるかどうかであり、それなしに宣伝のやり方だけを変えてもヒット商品を生み出すことはできません。

ヒット商品を生み、世界に打って出るためには、真のマーケティングとは何かをしっかりと理解したうえで、力のあるマーケターを育てていくことが何より大切なことなのです。

Chapter 4

はじまりはいつも仮説

正解を自分でつくり上げる

ここまで「マーケティングとは何か」「マーケターにはどんな能力が求められるのか」といったことについて触れてきましたが、それらを踏まえたうえで最も大切なことの1つが「はじまりはいつも仮説」という考え方です。

私たちは学生時代から試験問題を前にして、「何が正解か」をいかに素早く導き出すかという訓練をしてきたせいか、社会に出てからもつい「何が正解か」を求める癖がありま す。そのため若い人の中には経験のない仕事や課題を与えられると、自分で考えたり、試行錯誤するのではなく、上司や先輩に「正解」を教えてもらおうとしたり、あるいはネットを検索することで「正解」にたどり着こうとする傾向があります。

ある経営者は若い頃、新しい部署に異動になると、その部署に置いてある過去の仕事の記録に片っ端から目を通すのを習慣としていたと言います。理由は「会社にとって初めての仕事はほとんどない」からです。つまり、自分にとっては「初めての仕事」であっても、その多くは過去に誰かがやったことがあり、会社にとっては初めての仕事ではないだけに、その記録を見れば、たいていの場合、誰かがやっており、それを参考にすれば初めてでも上手くできるからでした。

とても頭のいいやり方です。たいていの人は初めての仕事や課題にぶつかると、安易に

「教えてください」と言いがちですが、過去のデータを自分で調べることでたくさんのことが学べるし、そこに知恵をつけることで力もつくうまいやり方だと思います。安易に教えてもらうとか、検索によって安直な正解にたどり着くよりも、「自分で調べ、自分で考える」過程を踏むことは確実に成長につながります。

とはいえ、マーケティングの仕事の場合、特にグローバルマーケティングにおいては本当の意味の「初めての仕事」がほとんどです。つまり、その仕事は会社の誰もやったことがないし、ましてや「何が正解か」など知る由もありません。にもかかわらず、たいていの人はネットを使ってたくさんの情報を集め、その情報の山から正解を見つけようとするかもしれません。しかし、今日のように情報が膨大かつ複雑化してくると、情報の山の中から正解を見つけ出すのは簡単ではありませんし、「正解などない」ことも少なくありません。

つまり、今手元にある情報の中にも、あるいはこれまでのマーケティングの情報の中にも、「正解はない」ことがあるわけですが、かといって抱えている課題の「正解がない」わけではありません。マーケターに求められるのは、今は「正解はない」けれども、さまざまな取り組みを通して何とか「納得解」にたどり着くことなのです。言わば、「正解を自分でつくり上げる」のがマーケターの役割なのですが、そのために何より大切なのが「はじまりはいつも仮説」という考え方なのです。

仮説は単に立てるだけでなく、実践して検証する

正解がない課題を解決するためには、最初に「何となくこうなんじゃないか」という仮説を立て、その仮説を検証しながら正解をつくり上げていくことが必要です。

「はじまりはいつも仮説」を実感したのは、私が中国に駐在していた20代半ばから後半のことです。当時の私は営業のマネージャーとして、中国人の部下たちと一緒に市場や問屋街を周り、うまみ調味料（『味の素』）を売る仕事をしていましたが、思うようにいきませんでした。当時の会社の方針は、家庭用のビジネスを広げるために、毎日市場を回って小売店に商品を届け続ければ、いつか『味の素』が家庭に浸透する。というもので、これはうまみ調味料を海外に広めた味の素の成功体験をベースとする考え方でした。

だからこそ私も部下たちも一生懸命、毎日市場を回ったわけですが、思うような成果が上がらず、私自身、「何かがおかしいのでは」という疑問が湧いてきました。その疑問を中国人のリーダーにもぶつける中で、ある1つの考えが生まれてきました。

当時も今も、日本人は家で食事をつくって食べるのが日常ですが、中国人、特に広東人は家で料理をつくるのではなく、ご飯こそ炊くものの、おかずに関しては市場でガチョウやアヒル、豚の丸焼きなど吊るしてあるものを切って持ち帰って食べるのが一般的でした。

あるいは、仕事が終わったら、みんなで大衆レストランなどに行って食事をすることも多く、日本人とは比較にならないほど外食や中食の比率が高かったのです。

これでは家庭用の小袋タイプの『味の素』を売る活動をどれほど一生懸命にやったとしても売上が伸びないのは当然のことでした。そこで、私たちは「家庭用に小袋を売る」という従来の戦略の代わりに、「外食市場に容量の大きなものを売ってみたらどうか」という仮説を立てました。もちろん当時は「これなら絶対に上手くいく」という確証があったわけではありませんが、それまでの活動の成果を検証し、そこに「広東人は外食や中食が多い」というデータを組み合わせることで仮説を立て、まずやってみることにしたのです。

仮説は単に立てるだけでなく、実践して検証する必要があります。

そこで、外食市場相手のビジネスを本格化したところ、『味の素』の偽物がたくさん出回っていることに気づきました。外食チームをつくって営業に回ると、既に『味の素』があるのですが、それは本物ではありませんでした。そこで、外食商圏に強い力を持つ問屋の社長を探り出し、偽物の『味の素』の代わりに、少し高いけれども本物の『味の素』を販売してもらえないかを、駐在員である自分が率先して説得して回りました。余談ですが、当時覚えたての広東語で老獪な広東商人たちとやりあった時は、「お前は本当に日本人なのか？　パスポート見せろ！」などと言われることも多く、財布には常にパスポートの縮小コピーを持ち歩いていました。

このような小さな仮説を行動に移すことと、地道な営業活動を積み重ねた結果、「広州酒家」のような有名レストランや、巨大なレストランチェーンにも本物の『味の素』が普及するようになったのです。

帰任する頃には、私が中国に赴任した時の10倍の売上を達成することができたわけですが、これが私がマーケティングやマーケターに興味を持つようになったきっかけであり、「はじまりはいつも仮説」の大切さを実感した出来事でした。

国が違えば文化も違う——文化圏に応じた戦略の重要性

以来、私は常にメモを持ち歩き、とにかく気になることはリスト化するようになりますが、こうした「仮説メモ」がその後のマーケターとしてのヒット商品づくりや、またのちの起業に当たって大いに役に立つことになりました。

私がタイに駐在していた時のことですが、バンコクからカンボジアの『味の素』のマーケティング支援を行っていました。当時、カンボジア味の素は東南アジア各国でも積極的に販売していたチキンパウダーに注力していましたが、販売がもう1つ奮いませんでした。

「なぜ思うように売れないのか」と相談された私は、その戦略自体に違和感を覚え、別の仮説を立てることにしました。

チキンパウダーが売れるのは、インドネシアなどのハラル文化圏です。宗教的制約もあって、調理のベースは鶏肉が多くなるため、そこではたしかにチキンパウダーが良く売れます。

一方、カンボジアはタイやラオス、ベトナムなどと同じメコン文化圏に属しています。米食で汁物を好み、一番馴染みがあるのは鶏だしではなく、豚だしです。食べるスープがポークの人たちにとって、鶏だしやチキンパウダーは馴染みがないため、いくらプッシュしても売るのは難しいのではというのが私の感覚でした。

そこで、チキンパウダーの代わりにポークパウダーに力をいれて売ったらいいのではないかという仮説を立て、ポークパウダーの新商品（買いやすい容量の商品）をカンボジア味の素の社長と相談しながらつくり、ＣＭもポークパウダーを題材にしたものを製作することにしました。

現地スタッフと相談しながら6パターンのアイデア仮説を出して、「どのＣＭが当たるのか」を事前にグループインタビューで検証してから、実際の広告制作に着手しました。結果、売上は１３０％以上伸長、ポークパウダーという新たな売上・利益の柱商品をつくることができました。

メコン文化圏とハラル文化圏

メコン文化圏（米食・汁物、Wet market、人口拡大）

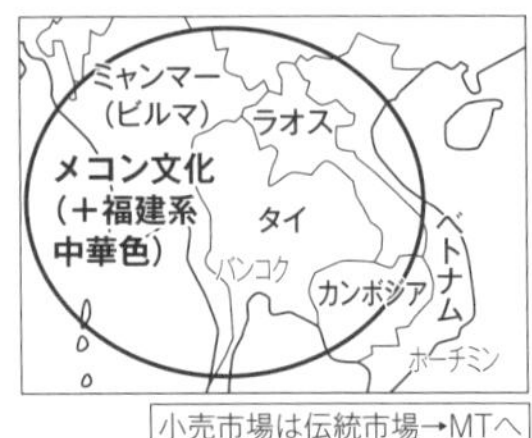

小売市場は伝統市場→MTへ

	人口	一人当たりGDP	成長率
タイ	約6,800万人	7,187米ドル	+4.1%
カンボジア	約1,600万人	1,509米ドル	+7.3%
ラオス	約700万人	2,720米ドル	+6.5%
ミャンマー	約5,300万人	1,208米ドル	+2.1%
ベトナム	約9,500万人	2,551米ドル	+7.1%

出所：経産省HP（2018年データ）

タイのWet market

カンボジアのWet market

カンボジアのAeon Mall

伝統的に外食・中食文化

中華とのコネクション

ハラル（HALAL）文化圏（宗教的制約が大きい、域内先進のマレーシア）

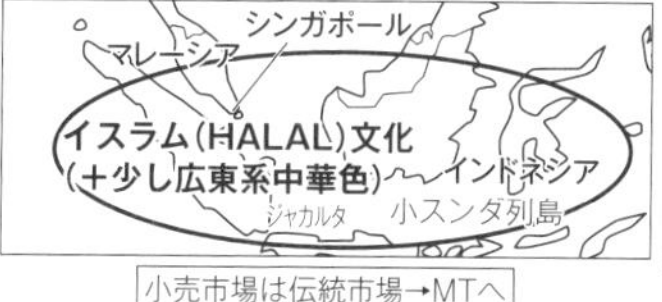

小売市場は伝統市場→MTへ

	人口	一人当たりGDP	成長率
インドネシア	約26,400万人	3,871米ドル	+5.2%
マレーシア	約3,200万人	10,942米ドル	+4.7%
シンガポール	約600万人	64,041米ドル	+3.2%

出所：経産省HP（2018年データ）

ジャカルタのWet market

ジャカルタのCarrefour、7−11

HALAL前提の社会　家庭での手づくり中心

訴えるポイントは絶対的な自信を持つ品質

「はじまりはいつも仮説」のもう1つの例は、フィリピンで現地スタッフたちが開発したオイスターソースを新たに発売した時のケースです。

当時、市場には既にフィリピンの二大ローカルブランドが参入しており、当社は5番手での参入になります。味覚比較では優位に立つことができるものの、価格的には他社が5ペソくらいなのに対し、当社の商品は8ペソで設計されていました。商品企画のリーダーを務めるフィリピン人のリーダーは、味覚比較で勝っているだけに、この価格でも売上は伸びるという計画書を作成していましたが、私自身は「そんなわけはないだろう」と思い、別の仮説を立てることにしました。

計画書によれば、たしかに味覚比較という点では優位に立っているものの、このコンセプトで価格の差を埋めることができるのか、というのが私の疑問でした。そこで、営業部門の日本人責任者を含めてもう一度議論した結果、オイスターソースの市場が成熟する前にある程度の地位を確立するためには、味覚という点では勝てる商品だけに、価格を競合他社と同等の5ペソに設定、一気に勝負を賭けた方が良いのではないかという結論になりました。

さらに参入が5番手という不利を跳ね返すためにも、売り場に徹底的に並べ、人気タレントを使ったCMも発売当初から一気に展開することにしました。訴えるポイントはタガログ語でよく使われる言い回しから考案した「オイスターの中のオイスター」という絶対的な自信を持つ品質をベースにしたキャッチコピーです。

こうした仮説に沿って活動した結果、発売開始1年半で3番手のポジションにまで上り詰めることができたと聞いています。

どこにでも見に行く

このような中国や東南アジアでの経験を経て、私は「はじまりはいつも仮説」の大切さを何度も確信することとなりました。

マーケティングの世界にはもちろんたくさんのノウハウがありますし、味の素にもたくさんの成功体験・ノウハウがあるわけですが、一方で時代が変化し、国が変わり、お客さまのニーズが次々と変わっていく時代、「このノウハウさえ使えば絶対に成功できる」と言えるほどの「正解」はありません。

だとすれば、正解を過度に追い求めるのではなく、「世の中には正解はない」と分かったうえで、「こうすれば上手くいくかもしれない」という仮説を自分なりに立て、その仮説のもとに行動し、その結果を検証することが何より大切なのではないでしょうか。

もちろん何の根拠もなしに仮説を立てたところで正解に近づくことはできません。私は味の素の駐在員だった頃から、マーケターは元バックパッカーが向いているのではと考えています。理由はマーケティングの仕事はオフィスにいて、パソコンを見ながら行うものではなく、現地に行き、現地の人と話し、現物を見て、現地の人たちが食べるものを同じように食べながら「ああでもない、こうでもない」と考えることが大切だからです。

実際、私の師匠でもあるマーケターの先輩たちは今でも海外に出張する時には、スーツにネクタイを締めて、革靴を履くのではなく、ビジネスカジュアルとでも言える格好をして、靴も汚れてもいいものを履き、リュックを背負っています。言わば、「どこにでも見に行くよ」というスタイルですが、こうした心構えで臨むからこそ「その国の本当の姿」を知ることができるし、「現地の人が何を望んでいるか」をつかむことができるのです。

「はじまりはいつも仮説」の「仮説」はここから生まれてくるものですし、だからこそ「使える仮説」となるのです。マーケティングの世界に「正解」はありませんが、「はじまりはいつも仮説」からスタートする習慣を身につけ、仮説を実行し検証することで、きっと都度「正解と思える納得解」を見つけることができるようになるはずです。

【ワーク】やってみましょう：「フィールドワークから仮説の種発掘の習慣を」

実際にどうやって仮説を立てていいか分からない人も多いと思いますが、70－71頁の参考事例を参照しながら、実際にワークシートを用いて、フィールドワークから仮説の種を発掘する習慣を身につけましょう。

番号	アイデア名／商品名	誰が	いつ、どんな時	どんな気持ちで
1	石焼き芋販売 →移動式石焼き芋のように、香りを演出できればさらに売れるかも	女性全般	いつもの買い物際に、おやつを買いたい	
2	冷凍洋風魚介料理	主婦	ちょっとしたハレの日に	いつもと違う魚介料理を食べたい。家族に食べてもらいたい。
3	大豆粉・脱脂大豆加工品 加工すればスナック系にも開発可能	ベジタリアン、ヘルシー志向の女性、中年男性	普段食として	肉は食べたくないが、肉っぽいものは食べたい。
4	雑穀 乾燥品ではなく、味付けパウチにしたらふりかけ感覚	女性全般	子供が野菜食べないとき	ゆでるのは面倒だが、ごはんに混ぜれば子供もごまかせる。
5	乳製品×果実/食材 （苺バター、リリコイバター、チーズ×にんにく、バジルなど）	おしゃれな人	ワインに合わせたい、いつものパンを変えたい	いつもの朝食、夕食をちょっと華やかに。 生ハムチーズ、サーモンチーズもありかと。

【ワーク】「フィールドワークから仮説の種発掘の習慣を」

参考事例）流通店頭視察フィールドワーク結果：

番号	アイデア名/商品名	誰が	いつ、どんな時	どんな気持ちで
1	いちごミルクの素	丁寧な暮らしをしていると感じたい人・プチ贅沢感を感じたい、経済的に余裕がある人	ちょっと一息つく時間に	少し手間を加えることで、いいものを丁寧に楽しみたい。 普通の出来合いの飲み物とはちがう、プチ贅沢を味わいたい。
2	Babybio スムージー	乳幼児のいる母親、高所得世帯	家でも食べさせるが、乳幼児との外出の時に	丁寧な暮らしをしたい。子どもに安全安心ないいものをバランスよく食べさせたい。おしゃれなお母さんだと思われたい。
3	EATALY フルーツジュース	高所得層夫婦、ヘルシー志向で、プチ贅沢でおしゃれな気分になりたい人	休日ランチでレストランを利用した時に	ヘルシーな生絞りジュースを飲みたい。休日のランチに贅沢でおしゃれなテイストを加えたい。季節感や旬を感じたい。
4	カットシメジ カットサラダ カットカボチャ カットパプリカ	有職の単身者、若いカップル		簡単で手早く料理をしたい。食材の無駄を出したくない。楽はしたいが、ちゃんとした料理を食べさせたい、食べたい。
5	無印良品　ドレッシング	丁寧な暮らしに興味のある単身者	サラダにドレッシングを使いたい時	市販のドレッシングは1本が多くて飽きるので、サイズがちょうどいい。少量なのでいろんなバリエーションのドレッシングを楽しめる。デザインが統一されていてノイズにならない。

	いつ、どんな時	どんな気持ちで

【ワークシート】

番号	アイデア名／商品名	誰が	
1			
2			
3			
4			
5			
6			
7			
8			
9			
10			
11			
12			
13			
14			
15			
16			
17			
18			
19			
20			

Chapter 5

ヒットの法則15原則

――成功の5軸×3原則

第1節

マーケティングが苦手な企業の課題とは

第4章ではヒット商品をつくるためには、絶対の正解を求めるのではなく、「はじまりはいつも仮説」という姿勢で、自分たちなりに考え、試すことが大切だという話をしました。実はこうしたことを繰り返すうちに仮説の精度は上り、成功をつかみやすくなります。

本章では私がマーケターとして、「はじまりはいつも仮説」を繰り返しながら、経験的に身につけた「こうしたらもっと成功に近づきやすくなるのでは」を紹介させていただきます。私はそれらを**「ヒットの法則15原則―成功の5軸×3原則」**として体系化していますが、まずはその前にマーケティングがうまくいかないなと感じている企業に見られる「5つの課題」について触れることにします。

課題1　ターゲットが不明確

マーケティングで大切なのは、最初に「この商品やサービスは誰に売るのか、誰に使ってもらいたいのか」を明確にすることですが、企業の中にはターゲットを明確にしないままに、社長や専務といったトップ個人の経験と勘で「これは売れそうだ」と思ったものを開発しているケースが見受けられます。

そのため、たとえば私が開発担当者に「これは何のために、誰のために開発しているんですか？」と質問しても、理由がはっきりせず、「社長にやれと言われたので」といった答えが返ってくることがよくあります。これでは製品は出来上がるかもしれませんが、ヒット商品をつくるのはとても難しいです。

課題2　ユーザー理解が欠如

マーケティングにおいては最初のコンセプトがとても大切なのですが、研究開発や製造技術が強く、自信のある企業で起こりがちなのが、持てる技術を結集して製品をつくったものの、それをどうやってユーザーに理解させ、トライアル購買させるかが欠如しているため、販売の段階で大変な苦労を強いられるというケースです。

たとえば、家電製品などにはとてもたくさんの機能がついており、技術者はさらに最新の機能をつけようとしますが、それらの機能のうちユーザーが実際に使っているのは、ほんのわずかというケースがほとんどです。スティーブ・ジョブズがかつて追放されたアップルに復帰したのは、同社が経営難に陥ったからですが、復帰したジョブズが最初にやったのは「どこが違うのか」がほとんど分からないような何十種類という製品をわずか4種類に絞り込むことでした。マーケティングが弱く、技術の強い会社が陥りがちなのは、技術の詰まった製品を次々とつくるものの、売ることができず、さらに新たな製品をつくるという悪循環です。

製品というのは自分たちがいいと思っているものをつくりがちですが、その良さがユーザーに理解されてこそヒット商品になるのです。

課題3 バリューチェーンの混乱

マーケターの役割には企画開発と販売マーケティングという、結構毛色の違う2つの職務があります。しかし、企業によっては商品開発戦略と、販売・販促戦略に一体感がなく、全体をリードし、バリューチェーン全体をマネジメントする責任者が不明確なケースがよくあります。

そこでは何が起きるかというと、せっかくいいものをつくって、たくさん売れているにもかかわらず、原材料などが不足して、製造が追いつかなくなる、営業が販促のためにさまざまな工夫をしてたくさん売る体制をつくったにもかかわらず、製造部門との連携がうまくいかず、肝心の製品が十分に届かないといったことが起こります。このケースの場合、SCM（Supply Chain Management）の改善に取り組む必要がありますが、本書では横道にそれてしまうので詳細の説明は割愛します。

課題４　Me tooのものづくり

企業のマーケティングを考えるうえで、「ブランド」はとても大切なものですが、プライベートブランドの受託生産などを中心に行っている企業の場合、どうしても発注してくれる企業の言った通り、指示された通りにものをつくるのが当たり前になり、ブランドについて考える機会がなくなりがちです。もちろん受託製造事業自体は立派なビジネスなのですが、こうした企業が「自分たちでもやろう」と自社ブランドのものづくりをはじめた時に陥りがちなのが、「Me Too」のものづくりばかりになることです。

つまり、他社がつくっていない、自社オリジナルのものをつくるのではなく、「他社でこういう製品が売れているから同じようなものをつくろう」となってしまうのです。他社と同じようなものをつくるのは楽ではあるのですが、結局は機能で差別化することはできず、価格で差別化するしかなくなり、どうしても販売価格は安くなってしまいます。一生懸命つくったにもかかわらず利益はあまり上がらないということになります。

ヒット商品をつくり、利益を生むためには、他社の物真似ではなく、オリジナルのものづくりが不可欠なのです。

課題５　マーケティング機能の欠落

こうした課題が生まれる一番の理由は、そもそも企業の中に独立した事業部門・マーケティング部門がなく、新商品を開発するためのルールやフローが標準化されておらず、「俺が全部やる」的な人が仕切っていたり、テーマごとにバラバラの進め方になっているケースが多いためです。そのため過去の商品を開発した時の資料も残っておらず、商品を発売した後の「売れた・売れない」に関する事後の検証も行われず、新たに商品を開発するに際しては再び誰かが「一から取り組む」ことになるのです。

このようなやり方を続ける限り組織としてマーケティング活動のノウハウが蓄積されることもありませんし、たとえ偶然のヒットが生まれたとしても、継続してヒットを出し続けるのはかなり難しいと言わざるを得ません。

あなたの企業がこうした課題を1つでも抱えているとしたら、ヒット商品を安定して出すのはかなり難しいはずです。まずは自分たちの企業がどんな課題を抱えているのかを理解したうえで、以下の「ヒットの法則15原則」に目を通してください。きっとヒット商品を生むためのヒントがあるはずです。

ヒットの法則15原則――成功の５軸×３原則

1．コンセプトが生活者に受け入れられる

（1）ネーミングのキレと理解しやすさ

（2）手に取っても良いと思える値ごろ感＝コストパフォーマンス

（3）中身・内容の良さが伝わる外見・デザイン（・説明文）

2．アイデアを具現化できる仕掛けがある

（4）戦略は細部に宿る＝細部にまでコンセプトの良さが感じられる（食品の場合はレシピ）

（5）頭を使って気を遣う（原料調達・開発・製造の人を味方に）

（6）お客さまの期待を裏切る驚きを込める

3．その他大勢の中から選ばれるだけの魅力がある

（7）唯一無二の独自のポジショニングを見出す

（8）自分たちにしかできない、かつお客さまのためになる独自価値がある

（9）三本の矢の構造（良い商品（含む価格）、手に届く、伝わる価値）を築く

4．儲かる仕組みが構造化されている

（10）売上高を要素分解：お客さまの数×お客さまの購入個数×購入単価

（11）GP（Gross Profit：粗利益）構造を強固にする

（12）販売費・一般管理費を賄える単品PL構造をつくる

5．社会全体に共感を生む価値がある

（13）志が明確、かつそれを言えるだけの理由がある

（14）事業がシンプルである（誰にでも分かりやすい）

（15）不変の真理（Universal truth）に沿っている

第2節

【成功の軸1】コンセプトが生活者に受け入れられる

コンセプトが受け入れられるための3つの原則

ヒット商品をつくるための一番目の軸は、どうすればユーザーに手に取ってもらえるのか、トライアル購買してもらえるのかについてです。

日本にはものづくり職人がたくさんいて、たとえばレストランなどでもおいしいものを、すごくこだわってつくっている人がいます。でも、肝心なのは買ってもらって食べてもらわないと、そのおいしさを実感してもらうことができないということです。その意味ではマーケティングの課題の多くは「トライアル課題」であることが多いです。

もちろんいい物をつくるというのは大切なのですが、せっかくのいい物をユーザーに手に取ってもらうためには、

原則1　ネーミングのキレと理解しやすさ
原則2　手に取っても良いと思える値ごろ感　＝　コストパフォーマンス
原則3　中身・内容の良さが伝わる外見・デザイン（・説明文）

の3つが最初からきちんと設計されているかどうかがヒット商品になるかどうかのポイントなのです。

たとえば、かつて日本で「食べるラー油」というのが大ヒットしたことがあります。桃屋が発売したこの商品の本名は『辛そうで辛くない少し辛いラー油』ですが、本名を知っている人はほとんどおらず、みんな「食べラー」と略して呼んでいました。本来、ラー油というのは餃子などを食べる時の調味料というイメージでしたが、そのラー油をご飯などにかけてもおいしいよという「食べるラー油」とした「ネーミングのキレ」は見事としか言えません。

こうしたコンセプトの良さがあり、ネーミングのキレもあるにもかかわらず、なかには「いいコンセプトなんだけど、結局売れなかった」という商品があるのは、原則2の「値ごろ感」が大きく影響します。つくり手というのはどうしても製造原価から価格を考えますが、世の中の人にとってのコストは、自分が払えるかどうか、払う価値があるかどうかになります。京セラの創業者・稲盛和夫さんが「値決めは経営である」とおっしゃっていたのは、安すぎると売れたとしても儲からなくなるし、かといって高くすると売れなくなって儲からなくなります。ちょうど良い売値を決めることがヒット商品をつくるうえではとても大切なことです。

それを忘れて、「いいものをつくれば売れるから」と開発していくと、コストがどんどん上がっていって、結果的に「いいものだけど高すぎる」になり、誰も買わない製品になってしまいます。地方の道の駅などに行くと、地元の名物を使ったラーメンやカレーなどがたくさん置いてあります。とてもおいしそうですし、実際、おいしいわけですが、消費者がスーパーなどで目にしているラーメンやカレーの価格と比べるとあまりにも高い値付けがされていることがよくあります。

多分、大量生産ではないだけにコストがかかっているのでしょうし、「いいものなんだから絶対買ってくれるはず」と信じているかもしれませんが、価格が高すぎると「お土産だから」と買う人はいたとしても、地元の人が頻繁に楽しめるものではなくなります。お土産的なものにするか、日常的に買ってもらうものにするか、より多くの人に届くヒット商品をつくるうえではこのあたりの見極めも必要になります。

ヒット商品を生むためには、原則3のデザインも大切な要素です。人間の認識というのは、情報の速さで言うと、色・形・文字・数字情報という順番に認識されます。そのため、初めて会った人のことを、「どういう人だった」と聞くと、「たしか赤い服を着て、帽子をかぶっていた」という色や形が先に来て、その後、文字や数字となります。

味の素から出ている『香味ペースト』という商品があります。これはこの一本でチャーハンが町中華の味になるという商品ですが、印象的な中華っぽい金に「香味ペースト」と書かれ、使いやすそうなチューブであるということが、生活者に受け入れられた要因だと思っています。

このようにヒット商品をつくるには3つの原則が大切なのですが、現実には2番目のコストパフォーマンスが外れているケースがたくさんありますし、ネーミングも伝わりにくいものが少なくありません。その意味では、最初の段階でこの3つをちゃんと考えてつくるというのは簡単ではないようです。

最初のコンセプトづくりがヒット商品を生むためのカギ

そもそも、ものづくりの世界というのは「千三つ」という言葉があるように、千の商品をつくったとして大ヒットするのは3つ、つまり成功確率0・3％の世界なのに、企業の中には第1節でご紹介したように最初のコンセプトづくりを飛ばしていきなりつくってしまうところがあります。

商品コンセプトの構造化＝提供価値を概念的に定義

1．商品コンセプト
（1）**基本商品コンセプト**
（2）**商品ポジショニング**

2．商品詳細仕様
（1）ブランド名、（2）商品（カテゴリー）名、（3）バラエティ名、
（4）ターゲット顧客、（5）使用シーン、（6）デザイントーン、
（7）伝達価値（コア・ベネフィット）、（8）小売価格、
（9）包装容器・中身容量、（10）使われ方、（11）シェアソース、
（12）賞味期間（食品の場合）

3．**目標品質と目標コスト**

これではせっかく時間やお金、人をかけてつくった製品が当たらないのも仕方のないことです。そんな低い確率のヒット商品づくりの確率を上げていくためには、まずは最初のコンセプトづくりをしっかり行うことが欠かせません。

① 商品コンセプト

商品コンセプトは、製造業であれ、サービス業であれ、絶対に必要なものです。

店に行けばたくさんの商品が並んでいて、ネット上ともなれば日本だけでなく世界の商品まで並んでいるわけですが、その中にあって「私はこういうものです」という、人間で言う自己紹介のようなものが商品コンセプトです。

ポイントは「どういう属性を持ったどういった商品なので、ユーザーであるあなたにとってどのようなメリットがあるか、どんなことができるのかを端的に表す」ことです。

日本のメーカーは案外これが苦手で、「こういうスペックで、こういう速さです」といった技術的なことはいっぱい書いてあっ

ても、ユーザーから「で、あなたは私に何を提供してくれるの？」と聞かれると、車であれば「安全や燃費です」といった、結局どの会社の車でも言えるようなことしか返ってきません。これでは自己紹介どころか、その他大勢の一人に埋没するだけです。

ここで求められているのは、「2行程度の短い文章で、シンプルに、ポイントとなる要素を網羅的に説明する」ことです。

たとえば、私が担当した味の素の『クックドゥ きょうの大皿　肉みそキャベツ』の商品コンセプトはこうです。

「風味の異なる3種の味噌をブレンドして、ほんの少し一味唐辛子を加えて作った、和風合わせ調味料です。

ご家庭に常備しているキャベツとひき肉を炒めてソースを合わせるだけで、手軽に、ご飯との相性抜群の和風おかずがつくれます」

この商品コンセプトに沿って商品開発は進められ、パッケージもつくられていくだけに、ここがしっかりしていれば設計図通りの商品が出来上がります。一方、ここが曖昧だと研究開発者は「どうやってレシピを組み立ててよいか分からない」ですし、実際に「とりあえず試作はしてみたけど、なんかパッとしない」ものになってしまうこともよく起こりま

基本商品コンセプト（≒商品紹介）の例

「Cook Do きょうの大皿」〈肉味噌キャベツ用〉

出所：味の素HP

風味の異なる３種の味噌をブレンドして、ほんの少し一味唐辛子を加えて作った、和風合わせ調味料です。

ご家庭に常備しているキャベツとひき肉を炒めてソースを合わせるだけで、手軽に、ご飯との相性抜群の和風おかずが作れます。

す。

② ポジショニング

ヒット商品にするためには、商品コンセプトが受け入れられることが大切になりますが、もう1つ、ポジショニングの切れ味はとても大切です。私の場合、商品コンセプトを設計する際には最初にユニークなポジショニングを思いつくことが多いです。

ポジショニングというのは、「商品コンセプトを一言で簡潔に表現したもので、直接・間接の競合の存在を意識して、『唯一』『抜群』などを使って表現する」ものです。

よく例に出すのが掃除機で有名なダイソンですが、ダイソンの掃除機のポジショニングは「吸引力の変わらないただ1つの掃除機」です。

ダイソンの創業者ジェームズ・ダイソンが掃除機を開発しようと考えたきっかけは、自分が使っていた掃除機への不満からです。既存の掃除機には紙パックが必要で、その紙パックが少し使うと目詰まりして吸引力が低下することに不満を持ったダイソンが、紙パック不要で吸引力の衰えないサイクロン掃除機をつくろうと考えたことが創業につながっています。以来、５０００台を超える試作品づくりを経て完成させたのはよく知られた話ですが、今でも同社の掃除機の吸引力は抜群で、これが他社との差別化につながっています。

先ほど紹介した『きょうの大皿』の場合は、「子どもも大人もみんなが喜ぶ、抜群のおいしさの和風メインおかず」がポジショニングとなっています。

ポイントは「子どもも大人も」です。同じく味の素の『クックドゥ』は、子どもより大人を意識しているため、味付けが濃かったり辛味があったりと、小さい子どもには向いていないのに対し、『きょうの大皿』は子どもも食べられるだけでなく、大人も満足できるものを目指しました。そのため開発段階でも「これは子どもには無理だろう」「これは大人が満足しないよ」と議論しながら進められるという、言わば開発の基準ともなるのがポジショニングです。

スティーブ・ジョブズはピクサーの創業者でもありますが、ピクサーのメンバーにはこんなことを言っていました。

「子どもだけに愛される映画をつくることは大変ではない。だが、子どもと親が同時に愛してくれる映画をつくるのは大変なことだ」

これもポジショニングです。子どもだけを満足させるのがかつてのディズニーなら、大人を満足させるのはハリウッド映画です。新興勢力のピクサーは両方を満足させる映画をつくることで、大きな成功を手にすることになったのです。

③目標品質と目標コスト

商品コンセプトやポジショニングがしっかり書けていれば、私の経験ではかなりの確率で成功することができますが、次に必要なのがこうした考え方を開発部門や製造部門の人、また製品のデザインなどをしてくれる人たちにしっかりと伝えることです。経営者やマーケターが「こういうコンセプトでいこう」「こういう品質目標をクリアしよう」と決めて、しっかり伝えることがヒット商品の開発を可能にするのです。

ここまでは言わば経営者やマーケターの熱い想い、すごい商品をつくりたいというストーリーを伝える段階ですが、その際に絶対に忘れてはならないのが「目標コスト」となります。ここがしっかりしないと、安さだけを求めるようになったり、「いいものをつくったけど高すぎて誰も買わない」となり、決してヒット商品にはなりません。

そのため、私のやり方のポイントは、「最初に売りたい値段から決める」というものです。私が『クックドゥ』を担当していた時には、普段は1個200円くらいで売られていましたが、特売の時には2個で300円という売り方もよくされていました。このような商品を企画する時には、「とてもおいしいものをつくったから価格は250円にします」とやってしまうと、いつも愛用してくれているお客さんが手を伸ばしにくくなります。

そうならないためには、最初に量販店の店頭などでいくらで売られるかを考え、次に問屋のマージンをいくらにするかを考え、その後で、「では、利益を出すためにはいくらでつくればいいのか」を考えることになります。このコストについてきちんと考えて商品設計をしないと、「いいものをつくったから価格が高くなり、結果的に高すぎて誰も買ってくれない」ということになりかねません。

味の素時代に製品開発担当の人たちによく言われたのが、「ワーキングママのためにおいしいものをつくりたいと、何だか壮大なストーリーを語っていたのに、結局は2個300円で売れるものをつくれでは、かけられるお金はこのくらいにしかならない。あなたは金の亡者か」です。私は商品開発にあたっては、商品コンセプトを決めたら、それを開発担当の人やデザイナー、生産部門の人たちにいつも熱く語っていましたが、同時にコストについてはとてもシビアに計算していました。そのため、こんな皮肉を言われることもよくあったわけですが、企業というのは利益を追求することを目的としているだけに、「いいものをつくれば高くなるのは仕方がない」は言い訳にしかすぎません。ヒット商品を生み出すためには、壮大なコンセプトと共に、シビアなコスト計算が不可欠です。

特にグローバルマーケティングにおいては「コスパがいいか悪いか」が大きな意味を持ちます。コロナ前に中国人の爆買いが話題になりましたが、中国人は何でも手当たり次第に買っているわけではなく、「この商品はコスパがいい」と判断するからこそ買っています。日本人には「いいものは売れる」「いいものは高くつく」と考えがちですが、そう思い込んでいるのは日本人だけかもしれません。

第4章で、フィリピンでオイスターソースを5ペソで販売したという話を紹介しました。この商品は同業他社の商品よりも品質的には確実に上を行くものでしたが、この時に「うちはものがいいから8ペソで」という価格で売り出したとしたら、決してヒットすることはなかったと思います。同業他社が5ペソで売る以上、自分たちも5ペソで販売し、しかしその品質は5ペソ以上の価値を持つことがお客さまに伝わることで初めてヒット商品は生まれます。

もちろん価格を抑えれば、その分、儲けは少なくなりますが、遅れて参入する場合、まずはいいものを安く提供する「ギブ」の精神で取り組み、たくさん売れるようになってから、安くつくる方法を考える方が、のちのちの利益につながります。コストについて考えるのはマーケティングの基本ですが、特にグローバルマーケティングにおいては、たとえば「フィリピンの人たちにとって5ペソはどんな意味を持つのか」まで理解したうえで、ものづくりに強みを持つ我々日本企業ならではのコスト設計をすることが大切です。

第3節

【成功の軸2】アイデアを具現化できる仕掛けがある

マーケターに不可欠な「アイデアを具現化する力」

第2節では商品コンセプトの大切さについて書いてきました。コストなども含めしっかりとした商品コンセプトがあって初めてヒット商品は生まれるわけですが、では「商品コンセプトさえ良ければ絶対にヒット商品は生まれるのか」というと、もちろんそうではありません。せっかく良い商品コンセプトをつくったとしても、それを商品として詳細に再現できなければただの「絵に描いた餅」ですし、その価値が伝わることはありません。

私が好きなアイス菓子の商品にロッテの『クーリッシュ』というものがあります。暑い日に食べる溶けかけのバニラアイスのおいしさ、日本人なら誰でも想像してもらえると思うのですが、どうやったらそのおいしさを、コスト制約の中で実現できるかには、開発・製造現場のさまざまな工夫が盛り込まれています。

製品開発にはたくさんの人が関わります。製品の設計によっては「つくりやすい」とか、

「つくりにくい」もあります。そのため、どんなすぐれた商品コンセプトをつくったとしても、マーケターが現場のことを知らず、商品設計をしてしまうと、こうした「できるわけがない」「つくれやしない」が起きることになります。

ロッテの『クーリッシュ』は微細氷の製造に関する特許と、微細氷をほぐれやすくする技術の特許を取得しているそうです。また、TVで工場見学を特集する番組で拝見したのですが、「溶けやすさを均一にするために、夏と冬ではアイスに入れる微細氷の大きさを変えている」と、現場の担当者が語っていました。

ちょうどよい「溶け頃」「食べ頃」を具現化するさまざまな工夫。これがあるからこそ、持ち歩けて、いつも美味しく食べられる「飲むアイス」が実現されたわけです。

ジョブズであれば、どんな反対があろうと、仮にコストがかかろうと、具現化がむずかしかろうと、「この通りにやれ」と言うかもしれませんが、たいていの場合、「できるわけがない」「つくれやしない」の前に妥協を余儀なくされます。最終的には「コンセプトはともかく、現実には難しいね」となってしまうのです。

そうならないためにマーケターには「アイデアを具現化する力」が求められ、開発現場や、製造現場のノウハウにも詳しくある必要があります。これを「成功の軸」の2つめ、「実現性確信度」と呼びますが、ポイントは3つあります。

原則4 戦略は細部に宿る=細部にまでコンセプトの良さが感じられる
原則5 頭を使って気を遣う
原則6 お客さまの期待を裏切る驚きを込める

コンセプトがいくら素晴らしくても、それを詳細に再現できなければ価値は伝わらない、と痛感したのは私がまだ味の素にいた若い頃のことです。

『クックドゥ』のパスタ版とも言える『パスタドゥ』という商品を担当した私は「アラビアータ」という辛いトマトソース用に小袋に入った唐辛子を別添にして販売しようとしました。ソース自体も十分辛いのですが、もっと辛いのを食べたい人は「この小袋を入れてください」という設計です。消費者が好みで調整できるという点ではいいアイデアなのですが、私が生産現場に足を運んだところ、製造部長から「お前の『パスタドゥ』をつくっているから、ちょっと来い」と呼ばれました。

呼ばれて行くと、包装ラインの所に五人の人がいて、一人が小袋を載せ、一人がラインを流れる時にそれが落ちないかを確認して、最後に別の一人が再度落ちていないかを確認するという作業を繰り返していました。製造部長は私にこう言いました。

「お前たちが小袋を別添にしたらもっと売れると言うからやっているが、本当に必要なのか?」

私はその場でこう答えました。

「すぐにやめます。来週、会社に出社したら廃止を決めて、新しいコンセプトをつくり直します」

たとえ自信のある商品コンセプトであっても、製造現場の人たちに過度の負担をかけるようでは意味がありません。ジョブズのように「これは絶対に外せない」と言うほどのものがあればともかく、「本当に必要なのか?」と言われて、本人さえ「なくてもいい」というほどのものにこだわる必要はありません。

マーケターの役割の1つは優れたコンセプトをつくることですが、それを実現してヒット商品につなげるためには、生産現場などの細部を知り、細部にこだわり、頭を使って、気を遣って、人に気持ちよく動いてもらうことも大切なのです。

消費者の知覚・行動ファネルを構造的に把握する

マーケターに限らず、開発部門の人たちも「いいものをつくれば売れる」と思い込んでいる人が少なくありません。実際にはほとんどの商品は「トライアルの壁」を超えられないのが本当のところです。

「購入率」というデータがあります。食品の場合、購入率が2%を超えたら、そこそこ

消費者の知覚・行動ファネルを構造的に把握する

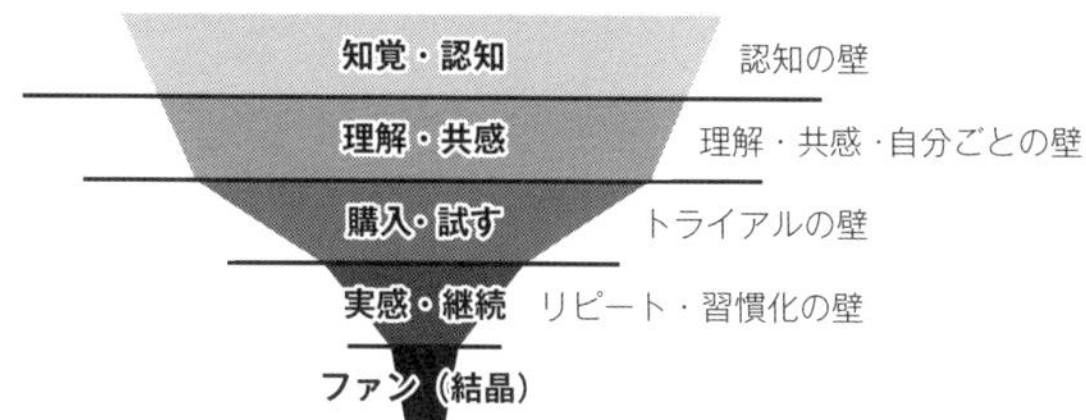

©freebee株式会社2023

のヒット商品なのですが、実際にはなかなかそれだけの人には買ってもらえませんから、トライアル（購入・試す）にまで行くことができないのです。

この表で言うと、知ってもらって（知覚・認知）、ちゃんと理解してもらって（理解・共感）、試してもらう（購入・試す）までがものすごく大変なのに、「いいものをつくれば売れる」と言っている人はそこを飛ばして（実感・継続）のことしか考えていないことになります。「いいものをつくれば買ってもらえるし、ファンになってもらえる」と思い込んでいる人は、この表の「実感・継続」と「ファン（結晶）」のことは頭にあっても、本当に大変な「知覚・認知」「理解・共感」「購入・試す」を忘れています。

スティーブ・ジョブズは経営危機に陥ったアップル再建のために暫定ＣＥＯとしてさまざまな施策を打ち出しています。最初の段階では多すぎる製品の集中と選択を進め、iMacやiPodという大ヒット商品を世に送り出すわけですが、その過程でジョブズがやった〝これは見事だな〟という施策が、今や世界各国に展開している「アップルストア」をつくり上げたことです。

アップルに復帰したジョブズはコンピュータがかつてのような専門店ではなく、大型の量販店で売られていることを危惧します。こんなことを口にします。

「販売員が気にするのは50ドルの売上報奨金だけだ」

アップルがつくるコンピュータは同業他社のものに比べて性能は優れていても、価格的には高くなります。一方にデルやコンパックの安価なコンピュータが大量に置かれていれば、販売員は安くてそこそこの性能の製品を販売し、高価なアップルを勧めることはありません。これでは昔からのアップルマニアはともかく、売上が伸びるはずもなく、業績が回復することもありません。

そこでジョブズが考えたのが、アップルという会社の理念やコンセプトを伝え、アップル製品という特別な製品を、まだアップルをよく知らない人にも伝える方法でした。ジョブズは言います。

「アップルが成功するためにはイノベーションに勝利しなければならない。そして、消費者に伝えることができなければ、イノベーションで勝利することはできない」

つまり、どんなにすごい製品をつくったとしても、それを消費者に伝え、買ってもらわなければ勝利することはできないのです。ジョブズは自分たちがつくる製品には絶対の自信を持っていましたが、一方でそれを伝えることはとても難しく、それなしにはイノベーションは起こらないと考えていました。

そう考えたジョブズは、たくさんの人が歩いているモールやメインの通りにアップルの製品だけを扱う、アップルのコンセプトを伝えられる「アップルストア」をつくります。「製品を紹介するチャンスさえ得られればこっちのものさ」というジョブズの読みは当たり、ジョブズが亡くなる少し前の2010年には約300店舗で、1店舗当たり3400万ドルを売上げるほどに成長したのです。

「優れた商品」の存在がなければ「見るだけ」で終わる

このように圧倒的に優位な製品であっても、トライアルの壁を超えなければ決して売れることはありませんが、トライアルの壁を超える仕組みをつくれば、圧倒的な製品は爆発的にヒットするし、コアなファンを獲得することができます。

ただし、ここで注意すべきは商品に力がなければ、いくら素晴らしい店をつくっても、一等地に店を構えても、ファンは獲得できないということです。一等地に店を構えれば、たしかにお客さまは来てくれるかもしれませんが、購入しないかもしれません。また一度は購入したとしても、二度三度の購入はないということです。

マーケティングで大切なのは商品コンセプトをつくるだけでなく、どうやって実現するか、どうやってトライアルの壁を超えるかもしっかりと考えておくことなのです。

商品をつくったあと、アップルストアはつくれないけど、ECサイトはつくれると、ネットを使って販売しようとする企業があります。ところが、そもそも「知らない企業」のサイトを訪問する人は滅多にいません。

では、知ってもらおうとインスタグラムやXなどを総動員して知覚・認知を高めようとする企業もありますが、そこに「買いたいもの」がなければ、やはりトライアルの壁を超えることはできません。つまり、ここでも「買いたいと思う商品」があるかどうかがポイントで、それがなければせっかくのデジタルマーケティングも何の意味もありません。

「知覚・認知」のためにはデジタルマーケティングも勿論効果はありますが、それが全てを解決してくれるわけではなく、やはり「優れた商品」の存在がなければ「見るだけ」で終わってしまうのです。

コンセプト・プロダクト・ギャップの落とし穴

「優れた商品」をつくるうえで大切にしたいのが、「消費者の期待を上回るプロダクト」になっているか、という点です。

私が担当した『きょうの大皿』で言うと、『豚バラ大根』と『ガリバタ鶏（チキン）』を比べると、前者の売れ行きの方が結果的に大きくなりました。

コンセプト・プロダクト・ギャップ　Concept・Product・GAP

- 設定したコンセプトと、中身の品質はマッチしているか？
- 見た目のデザインは、コンセプトを体現できているか？
- 容器は開けやすく、使いやすいのか？
- 他社製品と比べて選ばれ続ける価値（たとえば味）があるか？
- 期待を裏切る「驚き」が込められているか？

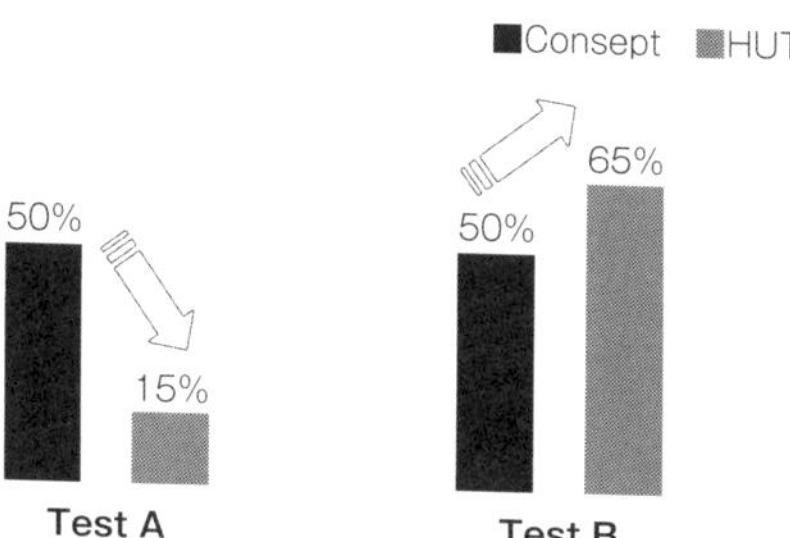

理由は「コンセプトとプロダクトのギャップ」にあります。

マーケターをやっていると、商品コンセプトはいいけれども、実際につくってみるとそうでもないということがよく起こります。

たとえば、私の妻の出身地の名物、カステラはいろんな県でつくられており、恐らく長崎の本場のカステラを超えることを目標に挑戦しているはずですが、長崎県出身の妻に言わせれば、「いやいや、全然」となるようです。

反対に「期待を裏切る驚き」がヒットにつながったのが『豚バラ大根』です。

『豚バラ大根』も『ガリバタ鶏（チキン）』も事前の消費者テストによると、100人中50人くらいが買いたいと言っていましたが、家で調理してもらって食べた後にもう一度聞くと、前者は買いたいという人の数が大きく増えたのに対し、後者はそうではありませんでした。

つまり、前者には期待を上回る何かがあったということですが、調べてみると、

①大根の煮込みがフライパン1つでできるのは画期的

②15分で煮込んだみたいな味になるのはすごい

など、こちらが想定している以上の驚きをお客さまの方が感じていました。

これが「いい意味で期待を裏切られた」であり、こうした商品は確実にヒットします。

「ミスタープロ野球」と呼ばれた長嶋茂雄さんに「期待に応えるのがスター、期待を超えるのがスーパースター」という言葉があります。大リーグで活躍中の大谷翔平さんも「期待は応えるものではなく、超えるもの」と話していますが、スーパースターとも言えるヒット商品を世に送り出すためには「期待を裏切る驚き」があることが不可欠なのです。

戦略は細部に宿る

このようにマーケティングにおいては商品のコンセプトがしっかりできれば50％くらいの成功が期待できますし、そこに期待を裏切る驚きが加わることで、さらに30％の上乗せが期待できます。

つまり、80％の確率で成功するわけですが、こうした取り組みを一瞬にしてダメにする

「真実の瞬間」があるということもマーケターは頭に入れておく必要があります。１９８０年頃、経営が悪化したスカンジナビア航空を再建したヤン・カールソンが大切にした言葉で、特にサービス業ではとても大切にされた考え方です。

航空会社の評価は売上や利益、規模の大きさももちろん大切ですが、どんな航空会社でもサービスに不満があると、やがてはユーザーが離れることになります。カールソンはお客さまがチケットを購入し、飛行機に乗り、機内でのサービスを受ける、その１つひとつの時間はごくわずか（平均15秒）であっても、その１つひとつの印象がお客さまに刻み込まれ、それが「また利用してみたい」という行動につながると考えました。

そこで、社員にビジョンを伝え、社員に権限を与えた結果、同社は83年には『フォーチュン』が選ぶ「ビジネス旅行客にとって世界最高の航空会社」となったのです。これはサービス業だけでなく、メーカーにも言えることです。

フィリップ・コトラーに「ブランドを広告するのではなく、ブランドを体現せよ」という言葉があります。たとえば、テレビや新聞で広告された商品を買いに行ったら、店には品切れで置いてなかったり、店頭に薄汚れた製品しか置いてなかったらどうでしょうか。満足度ナンバーワンを謳うホテルに泊まったら、対応があまりに無愛想だった、あるいは一流の和食店に食事に行ったところ、出されたおしぼりが妙に臭かったとしたら、それだけでブランドへの信頼は崩れてしまうのです。

アマゾンの創業者ジェフ・ベゾスは創業に際し、とことん気を配ったのはサイトの使いやすさと、配送の素早さ丁寧さでした。理由は実店舗を持たないアマゾンにとって、お客さまと接する場所はサイトと、配達だけであり、この2つで期待を裏切ったならアマゾンの成功はないと知っていたからです。

私がマーケティングの成功原則の1つに「戦略は細部に宿る」を挙げているのは、商品開発における緻密さと併せ、こうしたブランドを体現する「真実の瞬間」も大切だと感じているからです。もちろんマーケターがこれらすべてに目を配ることなどできませんが、ブランドを築き上げるには長い時間がかかるけれども、崩れ去るのは一瞬であるということを頭に置いておくのもマーケターにとっては大切なことなのです。

【成功の軸3】その他大勢の中から選ばれるだけの魅力がある

「競争優位性」よりも「選好優位性」

商品コンセプトが良く、それを実現する仕組みができたとして、次にポイントとなるのは、「競争優位性」となります。

マーケティング用語には戦闘的なものが多く、「競争優位性」というと、「他社と戦ってその会社の商品を追いやる」となります。私自身のイメージとしては世の中にたくさんある商品の中から「お客さまに選んでいただく」という意味で「選好優位性」の方がピッタリくる感じがします。

お客さまに選んでいただくうえで必要な原則は3つあります。

原則7　唯一無二の独自のポジショニングを見出す
原則8　自分たちにしかできない、かつお客さまのためになる独自価値がある

原則9　三本の矢の構造（良い商品・手に届く・伝わる価値）を築く

なかでも大切なのが原則7の「独自のポジショニング」をとれるかです。

私は企業のコンサルティングや、大学での講義において、「唯一」とか「絶対」を必ず使いなさいと教えていますが、そのためには競争環境はもちろんのこと、社会環境や、消費者の知覚構造も全部分析したうえで、マーケターは自分が企画する商品について「唯一」や「絶対」、英語なら「オンリー」という言葉を使えるかどうかが「お客さまに選んでいただけるかどうか」の決め手となります。

私が『きょうの大皿』を企画した時のポジショニングステートメントはこうです。

〝子どもも大人も満足する唯一の和風メニュー調味料〟

なぜこうした表現が必要かというと、これがあることによって開発部門が商品開発を進めるにあたって、「この味だと辛すぎで大人はいいけれども、子どもは無理ですね」「これだとお子さまは喜ぶかもしれないけれど、大人は嫌がるでしょう」など、明確な基準をベースに開発を進めることができるからです。

同様にこの基準があることによって、CMタレントを選ぶ時にも、そこを意識して選ぶことができますし、デザインなども方向性がはっきりしてつくりやすくなります。マーケティングとは外れますが、優れた企業には明確なビジョンがあります。そして何かを開発する時も、新しい事業を開始する時も、ビジョンが根底にあれば、「これはうちの会社らしくないね」「これは会社としてやるべきだよね」と経営陣だけでなく、社員一人ひとりも判断し納得することができます。

つまり、商品開発における「独自のポジショニング」は開発をはじめとするさまざまな場面で「基準」になるもので、こうした基準があればブレることなく商品開発ができるし、販売に向けての準備がスムーズにできるのです。

ところが、企業の中には最初にこうした基準をつくることなく、ものづくりを進め、「こういういいものができたから、どうやって売るかを考えて」とできてからマーケティングについて考えはじめるところがあります。このような場合、たしかに「いいもの」はできているのですが、それは「唯一」でもなければ、「絶対」でもなくて、仕方なく「このスペックは唯一」「この値段は唯一」といった後付けのポジショニングを考えることになります。

これでは他社と差別化することはできませんし、仮に「価格が唯一」だったとして、他社が価格を引き下げてしまえば、せっかくのポジショニングが価値のないものになってしまいます。そうならないためにも、マーケティングにおいて製品開発の前から「唯一」や「絶対」が使える独自のポジショニングを考えておくことが大切なのです。

「ちょっといいもの」でなく「唯一」「絶対」「オンリー」

「唯一」や「絶対」がどれほどの価値を持つかは、イーロン・マスクがなぜ電気自動車の時代を切り開くことができたかを見ればよく分かります。

電気自動車会社「テスラモーターズ」（現テスラ）にマスクが投資したのは2004年のことです。ペイパルという会社を売却することで1億6500万ドルを手にしたマスクが最初に起業したのは、ロケット開発会社の「スペースX」ですが、同社が目指す人類を火星に移住させるミッションの実現には長い時間がかかります。

その間、地球上の石油資源が枯渇してしまえばロケットも飛ばせなくなるし、車という移動手段も奪われると懸念したマスクはガソリンの代わりに電気で走る車をつくる必要があると考え、電気自動車という優れたアイデアはあるけれどもお金のないテスラに投資し、会長に就任します。

当時も電気自動車はつくられていましたし、トヨタ自動車はハイブリッドカーに力を入れていましたが、ハイブリッドカーは完全な電気自動車ではなく、既存の電気自動車は何とも不格好で航続距離が短く、実用的な車とは呼べませんでした。これでは電気自動車の時代など来ないし、誰も電気自動車を買ってくれないと考えたマスクが掲げたのが、既存の電気自動車とまるで違う「世界最高のスポーツカーを電気自動車で実現する」という事業コンセプトです。私の勝手な解釈でテスラの車の商品ポジショニングを定義させてもらえば、「100％電気だけで走る、世界最高のスポーツカー」となります。

電気自動車の普及を妨げているのは100キロくらい走ったら充電が必要になる短すぎる航続距離と、ガソリン車に見劣りするスタイルと、何より車の性能でした。これではマスクが「電気自動車の時代」と唱えても来るはずがありません。そこで、マスクは世界最高の部品を使い、加速性能、航続距離ともガソリン車に負けない「世界最高のスポーツカー『ロードスター』」を電気自動車で実現したのです。

当初、ロードスターを見た同業他社は「金持ちのおもちゃ」とも揶揄しましたが、グーグルの創業者やレオナルド・ディカプリオ、アーノルド・シュワルツェネガーといった環境への関心の高い有名人たちが続々と購入の意思を示したことで、流れが変わります。実際、ロードスターに試乗したトヨタの前社長で、レーサーとしての実績も持つ豊田章男さんはロードスターに試乗し、「新しい風を感じた」と感動、テスラに5000万ドルの出資を決めています。それほどにロードスターはすごい車であり、電気自動車の概念を大きく変える車でした。

その後、マスクは『モデルS』や『モデル3』などを投入、次々とヒットしたことで、トヨタなど同業他社すべてが電気自動車の生産に本気にならざるを得なくなったのです。これが「独自のポジショニング」の強さです。もしマスクが最初につくったのが「100

%電気だけで走る、世界最高のスポーツカー」ではなく、「同業他社よりもちょっと性能がいいだけの電気自動車」だったら、革命は起きませんでした。

お客さまに選ばれるためには誰もがつくれそうな「ちょっといいもの」ではダメで、「唯一」「絶対」「オンリー」に相応しいものであることが必要なのです。それを最初から目指してつくるからこそ、その商品はお客さまに驚きを与え、選ばれ、ヒットするのです。

「あなたの会社ならではの強み」かつ「お客さまのためになる価値」

原則8のポイントは「自社ならではの技術やノウハウがあり、かつ、お客さまのためになる価値」があることです。

マーケティングの相談を受けた会社の方に「あなたの会社ならではのものは何ですか?」とお聞きすることがよくあります。すると、経営者や開発の方がしばしば口にするのがスペックについての話です。たしかにそれ自体も素晴らしいことなのですが、マーケティングで大切なのは、「かつ、お客さまのためになるか」です。

たとえば、味の素であれば、長年にわたって築き上げてきたブランドへの信頼と、世界有数のアミノ酸の技術があります。私が『きょうの大皿』を企画した時に意識したのがこの2つで、味の素の『クックドゥ』というブランドはお客さまに信頼されていますし、そこに鶏をじっくり煮込んだ味わいが再現できる成分は、永年のアミノ酸研究の成果ならではの技術です。この2つを組み合わせれば、同業他社があとから似たような商品を出してきても絶対に勝てるし、お客さまに選ばれ続けるという自信がありました。

こうした「あなたの会社ならではの強み」で、それが「お客さまのためになる価値」を見つけることができれば、市場で勝ち続けることができます。ところが、企業の中には「自社の強み」をしっかり認識できていないところも少なくありません。トヨタ出身のあるコンサルタントが企業を訪問し、「あなたの会社の強みは何ですか?」と尋ねたところ、「うちの会社にはそんなものありませんよ」という答えが多かったり、あまり強みとは言えないものを強みとして挙げることが多かったと言います。

一方、「あなたの会社の弱点はどうですか?」と聞いたところ、「社員がダメ」「資金がない」「技術が足りない」「知名度がない」など次々と挙がって来て大変だったという話を聞いたことがあります。マーケティングの基本は、自社の技術やノウハウに精通することであり、そこから「自社ならではの技術やノウハウがあり、かつお客さまのためになる価値」を見つけ出すことでもあるのです。

マーケターは、会社の中にある技術やノウハウに精通し、その価値を見つけ、自社ならではで、お客さまのためになる商品をつくり上げることにこだわってください。

「日本は市場も縮小しているし、世界に出るか」では勝てない

原則9のポイントが「三本の矢の構造（良い商品・手に届く・伝わる価値）が築けるか?」です。

つまり、

①良い商品をつくって、
②それがちゃんと幅広いところで売られて、
③それが伝わるコミュニケーションをしっかりやる

ということですが、この3つがつながって初めて「ヒット商品」は生まれます。

そしてそのためには良い商品をつくるための商品開発のプロセスの仕組みが必要になりますし、お客さまに届けるという点では営業組織や営業システムが必要になります。さらに伝わるという点ではテレビなどのCMや、ネットを使った情報伝達が必要になりますが、何より大切なのはお客さまが店に行った時、ちゃんと並べられていて、それを手に取ってもらうことができるか、が大切なのです。

この三本の矢が揃うとヒットは生まれますが、思うように売れない時というのは、そもそもコスパが悪くて商品がダメということもあれば、商品はいいけれども、お店に並んでいなくて買うことができないということもあります。また、商品の出来はいいし、お店に

も置いてあるけれども、ＣＭに起用したタレントと商品のイメージが合わなくて、お客さまの買いたいという気持ちを喚起できないということもあります。

日本においてもコンビニエンスストアなどで商品を長く売ってもらうのはとても難しいことですが、グローバルマーケティングにおいて日本人のマーケターが苦労することの１つが「届く」です。

日本人のマーケターは、国内においては「問屋さんに頼めばいいでしょ」と思い込んでいますが、海外においては商品を置いてもらうことは決して簡単ではありません。販売網をつくるのはとても難しいことなのです。

たとえば、これはフィリピンの例ですが、スーパーの棚に並んでいるのはすべてネスレの『マギー』です。このように世界ナンバーワン企業に店頭をジャックされてしまうと、いくらいい商品をつくろうが、いくら広告を打とうが、お客さまに商品を届けることはできません。

日本の企業の中には「日本は市場も縮小しているし、世界に出るか」と海外への進出を検討するところもありますが、海外に出ると、そこには日本の同業他社の比ではないほどの強い競合が市場を支配しているのですから簡単ではありません。

幸い味の素は早くからうまみ調味料を世界で販売してきた実績があり、セールスチャネルもあるので、商品を出せばお店に並べることができますが、これから海外に出て行く企

消費者の意思決定の場面で、競合他社の強力なブランドとどう戦うか？

業にとっては三本の矢のうちの「届ける」をどう実現するかが難しい課題と言えます。

マーケターの中には三本の矢のうち「商品」や「伝わる」を得意とする人はたくさんいますが、肝心の「届く」については、「それは販売の仕事でしょ」と関心を示さない人も少なくありません。日本国内ならまだしも、グローバルマーケティングにおいては「届く」ことはかなり重要視すべき要素であり、今後は、

①日本という国をどう攻めるか
②日本以外のアジアの国々をどう攻めるか
③日本と似てはいるけれども生活習慣の違う欧米をどう攻めるか

という最低でも3つエリアに対する販売チャネルの構築方法を心得ておかない限り、グローバルマーケティングで成功することはできないのではないでしょうか。

第5節

【成功の軸４】儲かる仕組みが構造化されている

漠然とした目標を「要素分解」する

私の中で、商品が成功したかどうかを判断する基準の1つは、お金が儲かったかどうか、利益が出たかどうかです。

どれほどたくさん売れたとしても、最終的に儲からなければ意味がありません。稲盛和夫さんが指摘されているように、価格を極端に下げれば、どんどん売れるかもしれませんが、利益は少なくなるし、場合によっては出血覚悟の大サービスになるかもしれません。もちろん高すぎて売れないと、これはこれで困りものなので、商品を開発するに際しては「儲かる仕組み」を考えておくのもマーケターの役割です。

儲かる仕組みを考える際の原則は3つあります。

原則10　売上高を要素分解：お客さまの数×お客さまの購入個数×購入単価

原則11　GP（Gross Profit：粗利益）構造を強固にする
原則12　販売費・一般管理費を賄える単品PL構造をつくる

企業の目標というと、「目指せ！　売上1億円」といった何ともざっくりとした数字を掲げるケースがあります。たしかに「目指せ1億円」や、大きく言って「目指せ100億円」というのはキリのいい数字ですし、何となく夢を持つことはできますが、では、その数字にどれだけの根拠があるかというと、たいていの場合ははっきりせず、ただ勢いだけ、思いつきで言っていることが多いように感じます。

こういうパターンの事業はたいてい失敗します。

マーケターが考えるべきは、「何人の人がどれだけの個数を買ってくれて、それがいくらになるのかという要素分解」です。

消費財であれば、「合計で153万個を買ってもらう」を目標とする場合、何軒のお店にどれだけ置いてもらって、1ヶ月いくら売れればいいのかも逆算します。しかし、多くの場合、こうした計算をしないままに、「今年は3000万円を売上げて、来年は5000万円に」と根拠のない数字だけを並べています。

「売上1億円」を目指したいのなら、「どうやって1億円を売上げるか」の根拠に基づく積み上げ計算が欠かせません。

マーケティングとは少し離れるかもしれませんが、売上高や利益というものを非常に細かくシビアに見ていたのが、スズキの社長を長く務めた鈴木修さんです。

ある年、スズキの連結売上高が3兆円を達成したことを受けて、こんな話をしていました。参考までにご紹介します。

「タイヤは、高級車でも軽自動車でも一台につき4本必要、一本5000円とすると一台で2万円となる。このとき、タイヤ取り付け工賃を一本100円とすると4本で400円。タイヤ4本を取り付けた経理上の売上は2万400円となる。しかし、このうち2万円はタイヤメーカーに支払ってしまうため、手元に残るのは取り付け工賃のわずか400円のみ。実はこれが、スズキが生み出した付加価値に過ぎない。これを集計した実質的なスズキの売上高は3000億～5000億円程度で、決して大企業とは言えない」

「売上高3兆円、年産300万台とすると一台当たり100万円の売上だが、利益は900億円だから、一台当たり3万円にしかならない。さらに、1万～3万点ともいわれる自動車一台当たりの部品点数を仮に2万点とすると、1部品あたりの利益はわずか1円50銭にしかならない。だから、1部品当たり1円50銭のコストを削減できれば、利益は2倍になる。スズキでは、日々10～20銭の単位でコスト削減に取り組んでいる。そんな状況なので、軽自動車を一台買ってやるから10万円値引きしろというのはまったくもって無理な話」

いかがでしょうか。

スズキの2023年3月期の売上高は4兆6000億円を超え、営業利益は約3500億円です。この話をされた当時は3兆円ですが、いずれにしてもこれほどの売上を上げている企業のトップが売上の中身や、利益の中身をここまで詳しく知っているからこそスズキは成長し続けることができるし、利益を上げ続けることができるのです。

味の素の売上も1兆円を超えていますが、その売上は1個数十円、数百円の商品を販売した積み重ねであり、その商品をどのように店に置き、どれくらい売らなければならないかという緻密な計算があって初めて売上や利益は生まれてくるのです。

商品コンセプトを実現した暁には儲けが出るのか

売上高の要素を分解したら、次に見るべきはGP（Gross Profit：売上総利益＝粗利）です。

売上総利益 ＝ 売上高 － 売上原価

売上総利益は右記の計算式によって算出され、そこからは「どれだけの付加価値をつけて商品を販売しているか」「競争力はどのくらいあるか」を知ることができます。

マーケティングにおいて一商品当たりの売上総利益を知るうえで出発点となるのは、いくらで売るのかという「想定小売価格」です。本章第2節で商品コンセプトの話をする際、コストパフォーマンスについて詳しく述べたのは、いくらスペックを頑張って「いい商品」を企画したとしても、「この商品は価値があるので値段が高くなるのは仕方がないね」と言ったところで、それはお客さまには何の関係もないからです。私が目標コストを設定するときは、必ず「想定小売価格」から考えるのは先に述べたとおりですが、このやり方は多くの成功企業でも同様だと思います。

トヨタ自動車に「価格はお客さまが決める」という考え方があります。

トヨタが創業した当時は日本製の車はほとんどなく、売られているのは外国製ばかりでした。当然、日本製はつくったとしても数が少なく、大量生産型の外国製に比べると割高になるわけですが、トヨタの創業者の豊田喜一郎さんは「それをよし」とはせず、「いい車をいかに安くつくるか」の大切さを説いています。

理由はごく一握りの人は「国産車は高いけれども、日本の企業も頑張っているし、応援してやろう」と高い車を買ってくれたとしても、そうしたお客さまは限られている。そんな好意に甘えるのではなく、いい車を安くつくって、いずれは輸入車を駆逐するくらいの企業になりたいとつくり方の工夫をしたことがのちの「トヨタ式」へとつながっています。以来、トヨタ式では「価格はお客さまが決める」という考えのもと、単純に原価に必要な利益を足して価格を決めるのではなく、お客さまの決めた価格でも利益が出るようにコスト削減に努めることを徹底しているそうです。

こうした考え方は国内はもちろん、グローバルマーケティングにおいてとても大切になります。

日本国内であれば、「国産の方が安心だし、ちょっと高いけれどこっちにしよう」と言って下さる少数の親切なお客さまがいるかもしれませんが、世界市場に出てしまえばこうした戦い方はできません。

GP構造を強固にするためにも、まずマーケターは、①想定価格を決め、次に②中身原材料費、③包装容器費、④製造加工賃――を試算することで、「商品コンセプトを実現した暁に、儲けが出るのかどうか」を明確にすることが必要なのです。

事業計画の構造（当時の『クック・ドゥ』事業をイメージしてつくった模擬PL）

事業採算計画→需要・供給計画

・既存事業⇆新事業、売上拡大⇆利益改善、単年度予算⇆中長期ゴール、商品力強化⇆マーケティング投資強化。いくつもの**判断**の積み重ね。
・すべてのマーケティング活動の「ゴールの明示」、「配分」、「決断」を**リード**する。

	12年度			13年度			14年度		
	既存	新規	合計	既存	新規	合計	既存	新規	合計
純売上	−2%	+4%	**−0%**	−1%	**+5%**	+1%	0%	+4%	**+2%**
GP	45%	30%	42%	46%	**32%**	43%	46%	35%	**44%**
販売費・一般管理費	効率化	重点化	20%	再投資	見極め	20%	維持	重点化	**20%**
BP	20%	−8%	12%	21%	−8%	**13%**	21%	−6%	**15%**

©freebee株式会社2023

マーケティング部門はコストセンターではなく利益部門たれ

売上高を要素分解し、売上総利益の試算をしたあとは販売費や一般管理費を賄えるＰＬ構造について考えます。つまり、営業利益を出すために、人・モノ・カネのバランスをどうするかについて事業部門・マーケティング部門が考えるわけですが、マーケティングという機能のない会社だと、最後のところは社長１人が勘と経験でどんぶり勘定的にやっていたり、そこは財務や経理が担当して、マーケターは口を出せないし分からないということもよくあります。

このようなシステムだと、マーケティング部門は販促計画を立てたり、広告をつくることが中心になり、「マーケティング部門はコストセンターだ」と言われることになってしまいます。

これではダメで、本来はマーケティング部門は商品のコンセプトづくりにはじまって採算計画をつくるところまでしっかり責任をもつべきで、そうすることで初めて、生み出した価値ある商品を継続的に社会に供給することができるのです。

こうしたことを怠ると何が起きるのでしょうか。

たとえば事業を永続的に営むためには利益が必要であるにもかかわらず、赤字ＳＫＵ（最小識別単位）が手つかずのままつくられ、売られ続け、「赤字のまま商品だけが売れている」というおかしな現象が起きてきます。

結果、かなりの売上や利益を上げている企業でも、その利益を上げているのはすべての製品の２割程度で、あとの８割はほとんど利益を生まないどころか、売れれば売れるだけ赤字が出るといった現象さえあるのです。

あるいは、売上目標はとてもチャレンジングなのに、それを実行するためのマーケティング予算が十分に確保されず、数字を上げるためには営業部門が「気合いで」がんばるしかないという現象も起こります。

こうした事態を引き起こさないためにも、マーケティング部門はコストセンターではなく、利益部門として商品を企画する段階から採算面についてもしっかり計画し実行していくことが大切です。

第6節 【成功の軸5】社会全体に共感を生む価値がある

社会から支持され、共感を得られる

ここまで4つの成功の軸と、計12の原則を説明してきました。私自身、30代の前半まではこの4つの軸と12の原則に則ってマーケターとしての仕事を進めてきましたが、やがて「それ以外の何か」が大切なのではと考えるようになりました。

それは企業がやっている活動やものづくりに関して、「社会から支持されるものと、そうでないもの」があるという気づきから来ています。当時はまだ「ＳＤＧｓ」という言葉もなく、企業の社会的責任に関しても、

「企業としてたくさん利益を上げているのだから意義あるものに寄付したらどうだ」

「大きな企業で働いているんだから、世の中の人のためにボランティア活動をしたらどうだ」

という、自分たちがやっている仕事や、自分たちがつくっている商品とは別のところで

社会貢献をしろ、という考え方が中心になっていました。

しかし、私自身はマーケターという立場から、、将来的には私たちがやっている仕事や、つくっている商品そのものが「社会に貢献し、社会から支持される」ものにならなければ、世のため、人のためになる商品には成長しないのではないかと考えていました。

以来、ヒット商品をつくるためには、単に儲かるとか、売れるということだけでなく、「社会から支持され、共感を得られる」ことも大切で、そのためには次に示す原則が欠かせないと考えるようになります。

原則13	志が明確、かつそれを言えるだけの理由がある
原則14	事業がシンプルである（誰にでも分かりやすい）
原則15	不変の真理（Universal truth）に沿っている

仕事をやるうえで大切なのは、「何をやるか」以上に、「何のためにやるのか」です。「何のために」が曖昧なままに、「上司に言われたからやっている」「会社が決めたことだから従うだけ」ではちょっと壁にぶつかっただけで心が折れますし、たとえ失敗したとしても「上司が悪い」「周りが悪い」と他者に責任を転嫁することになります。

私自身、『きょうの大皿』を担当していた時には、『クックドゥ』というブランドを使うにあたって、「お前は歴史に汚名を刻む」などと批判されることも多く、心が折れそうになったことが何度もありますが、そんな時、心がけていたのは「自分は何のためにこの商品をつくろうとしているのか」を自らに問い直すことでした。そしてその度に、「よし、何を言われても、働いているお母さんたちのためにいい商品をつくろう」と心を奮い立たせることができて、結果的にみんなに喜ばれるヒット商品につながりました。

志や情熱がヒット商品に繋がる

京セラの創業者・稲盛和夫さんは人生において2度の大きなチャレンジをしています。

1つは電電公社（現ＮＴＴ）が独占していた電話業界に第二電電（現ＫＤＤＩ、「ａｕ」ブランド）を設立して戦いを挑んだ時です。巨人ＮＴＴに対し、新参者の京セラが挑むのは、あまりに無謀と周囲は反対しますが、稲盛さんは「日本の長距離通信料金の高さを何とか是正したい」という思いから参入を決断します。

この時、稲盛さんは「自分の懐を潤すためではないか？」「目立ちたいというスタンドプレーではないか？」と何度も自分の心に問いかけ、「動機の正しさ」「私心のなさ」を確かめたうえで参入、見事にＫＤＤＩを成功に導いています。

もう1つ、稲盛さんは晩年には経営危機に陥ったＪＡＬを再建するために無報酬で会長を引き受けています。この時も「動機は善なりや、私心はなかりしか」と何度も問いかけたうえで、「JALを再建することが、日本経済の再生にもつながる」という思いから仕事を引き受け、わずか数年で再建を果たしています。

稲盛さんはなぜこれほど動機や私心の有無にこだわったのでしょうか?

理由は、大事を成し遂げるには強い情熱が不可欠で、その情熱は「金持ちになりたい」「有名になりたい」などの邪な動機ではなく、「自分は正しいことをしている」という確信からしか生まれないからです。

実際、私自身も壁にぶつかった時には、

「本当に自分は世のため、人のためになることを考えてやっているのか」

「これを最後までやり切る覚悟があるのか」

「これは私利私欲のためではないのか」

と問いかけるようにしていますが、こうした「志を研ぐ」行為をしていると、いつか純粋な想いだけが結晶化し、周りの批判も気にならなくなりますし、自分がやろうとしている仕事に全身全霊で打ち込めるようになります。

詳細は後述しますが、私自身が『きょうの大皿』というヒット商品を立ち上げることができたのは、生まれつき重度の障がいを抱えていた長男・優大の死に接し、「とにかく出世とか、仕事がうまくいくとかを忘れて、働くお母さんと小さな子供たちが喜んでくれる商品をつくろう」という志を堅持したことが大きな要因になっていると思います。マーケター一人ひとりにこうした志や情熱の原点があると思いますが、それをずっと自分に問い続けることはヒット商品開発のはじめの一歩になるはずです。

シンプルなものの方が強く、伝わりやすい

原則14のポイントは「シンプルに」です。

アイデアはシンプルであるほど強いし、お客さまにも伝わりやすくなります。

特に日本人にこの傾向が強いのですが、ヒット商品をつくろうとして、あれもこれも機能を追加して、オーバースペックになるということがよくあります。もちろん悪意があるわけではなく、お客さまのために「この機能があると便利だろう」「この機能があればこんな使い方もできる」と追求した結果、お客さまがその商品を買ったものの一度も使わない機能が山とある、という悲しい結果を招きがちです。

一方、スティーブ・ジョブズがつくる製品はとてもシンプルで、多くのメーカーが「あって当たり前」と思っていた電源ボタンでさえ「なくていい」と捨て去るところがあります。最初は「えっ」と驚くこともありますが、実際に使い始めてみると「電源ボタンはなくてよかったんだ」とか、「2回も3回もボタンを押さなくていいから楽でいい」となっ

ていくのです。

ジョブズがこんなことを言っています。

「本当の美しさは付け加えるものがなくなった時ではなく、そぎ落とすものがなくなった時にあらわれる」

フェイスブックの創業者マーク・ザッカーバーグは学生時代、上級生のアーロン・グリーンスパンが進めていた学生向けの情報交換システムを一緒にやらないかと誘われていますが、ザッカーバーグの答えは「ノー」でした。理由はたくさんの機能があり、複雑すぎるからでした。一方、ザッカーバーグの「フェイスブック」は写真を1枚アップロードして、ちょっとしたプロフィールを載せるという、極めてシンプルなつくりでした。世界を制したのは後者でした。

ものづくりをしていると、どうしても不安になり、「これも付けよう」「あれが足りない」と増やすことばかりを考えがちですが、その結果は予定していたものよりも高くなり、かつ複雑なものになり、お客さまに受け入れてもらえない商品になってしまいます。シンプルなものは強い、そう思える勇気がもてるかどうかが分かれ目になります。

私は、今はつくられていませんが、パルシステムの『産直にんじんジュース』が大好きでした。とてもおいしいのですが、その理由は「すごくおいしいにんじんをつくれば、すごくおいしいにんじんジュースがつくれる」というシンプルかつ当たり前のことをきちんとやっているからです。私のように食品加工関係に関わった人間の発想としては、おいしいにんじんジュースをつくるとなると、こういう刻み方をして、こういう砂糖を使って、加工時間はこうでと複雑に考えがちですが、実は「こだわりのおいしい原料を使う」というシンプルな考え方にこそ真実があるのでは、と思っています。

大事にすべき、大切なことをきちんと守る

最後に原則15のポイントは「不変の真理」です。「普遍の真理」という言い方もありますが、時代が変わっても決して変わらないという意味で「不変の真理」を使っています。

食べ物にしても人間関係にしても、たいていのものは好きな人もいれば嫌いな人もいるわけですが、そんな中でも「誰が聞いても当たり前に正しいと思えるようなこと」は、なかには「ノー」を言う人も少しはいるかもしれませんが、ほとんどの人は「イエス」と言うし、共感してくれるはずです。

たとえば、英語で「You are what you eat（あなたはあなたが食べたものでできている）」という言葉があります。誰もが身体によくないものを食べるのはよくないとは思っていても、すべての食べ物をそこまできちんと選んでいるかと言われたら、なかなか胸をはって「イエス」とは答えられないかもしれません。商品づくりにおいては、ほとんどの

人が共感してくれるような価値感がベースになったものは、会社だけでなく、消費者も、すべてのステークホルダーの応援が得られます。それらは社会のために必要である「不変の真理」と繋がっています。きっと世の中のより多くの人の心にも届くことでしょう。

私は環境保全に力を入れる、アウトドアウェアの「パタゴニア」という企業が大好きなのですが、同社の企業理念はこうです。

「最高の商品をつくり、環境に与える不必要な悪影響を最小限に抑える。そして、ビジネスを手段として環境危機に警鐘を鳴らし、解決に向けて実行する」

さらに2019年にはこの理念を一新します。

「私たちは、故郷である地球を救うためにビジネスを営む」

ビジネスの目的を定義するべき事業理念から、「利益」や「顧客」という常套句を消し去り、すべては地球のためというシンプルなメッセージに昇華させる。とても素晴らしいと思いますし、共感しますが、事業を営む自分自身を振り返ると、その勇気ある決断の難易度が身に詰まります。

そこにあるのは高い志と不変の真理です。こうした不変の真理に反対する人はほとんどいませんし、同社がその理念に相応しい行動を続けているのも事実です。私自身、過去にはアウトドアウェアのすべてがパタゴニアというわけではありませんでしたが、この理念に触れて以降は、同じようなスペック・価格・デザインであれば、パタゴニアを選ぶようになりました。

ヒット商品というのは一時的にヒットすればいいというものではなく、長く愛されるものであるはずで、そのためには商品も企業もお客さまに支持されるに相応しいものであり続ける必要があります。企業の目的は利益を生むことですが、そのために虐待や搾取、虚偽や環境への過度の負荷が許されるわけではありません。後述する「いかにしてブランドを育てるか」にも繋がる大切な視点だと考えます。

第7節 「ヒットの法則15原則」の活用事例

「クックドゥ使ってる？」

ここまで「ヒットの法則15原則」について見てきましたが、本節では私自身がこの原則をどのように活かしてヒット商品づくりを行ってきたかをご紹介します。

私自身、味の素のマーケターになったばかりの頃、いつも考えていたのは「どうして商品は売れるのか。なぜ売れる商品と売れない商品があるのか」についてです。営業の現場にいた頃、マーケターはたいていの場合、「この商品は絶対売れる」と自信満々で言いますが、2年くらい経つと「あの人はああ言っていたけど、案外売れなかったな」ということがよくありました。私なりに「どうすれば売れるのか」を考え続けた結果、たどり着いたのが「15原則」でした。

２０１１年6月、私の師匠とも言える二人めのレジェンド・開発マーケターの八馬史尚さん（当時、事業部長。現・株式会社Ｊオイルミルズ顧問）に「クックドゥのプロダクトマネジャーをやれ」と言われました。実はその時、三ヶ月前に長男を亡くしたばかりだった私は、正直、仕事が手につくような心情ではなく、持ち前のエネルギーも枯渇しているような状態でした。今思えば、彼は僕の中にある内なる情熱を、ものづくりにかける想いを取り戻させたくて、敢えて難題を与えてくれたのかもしれません。そこには信頼と深い愛情を感じます。

『クックドゥ』は言わずと知れた味の素を代表する大ブランドの１つです。実際、２００２年から２００６年くらいまでは売上が順調に伸びていたのですが、２００７年頃から売上がどんどん落ちて、「クックドゥはもうダメなんじゃないか」と思われはじめていました。

私自身も、販売会議や開発会議などで同僚が説明するのを聞いては、事業が置かれている厳しい状況は理解できましたし、『クックドゥ』の担当者が企画する新商品に関しても、「苦しいな……」とも感じていました。勿論その頃は、『クックドゥ』という大ブランドを私が担当することになるとは思ってもいませんでした。

そんな状況ではありましたが、担当になった以上、全力を尽くすのは当然のこと。まずは「なぜ売上が落ちてきたのか」を知るために、さまざまなデータを調べることからはじめました。２００７年、８年頃から女性の社会進出が進み、共働きが当たり前になったこ

主婦の就業率推移

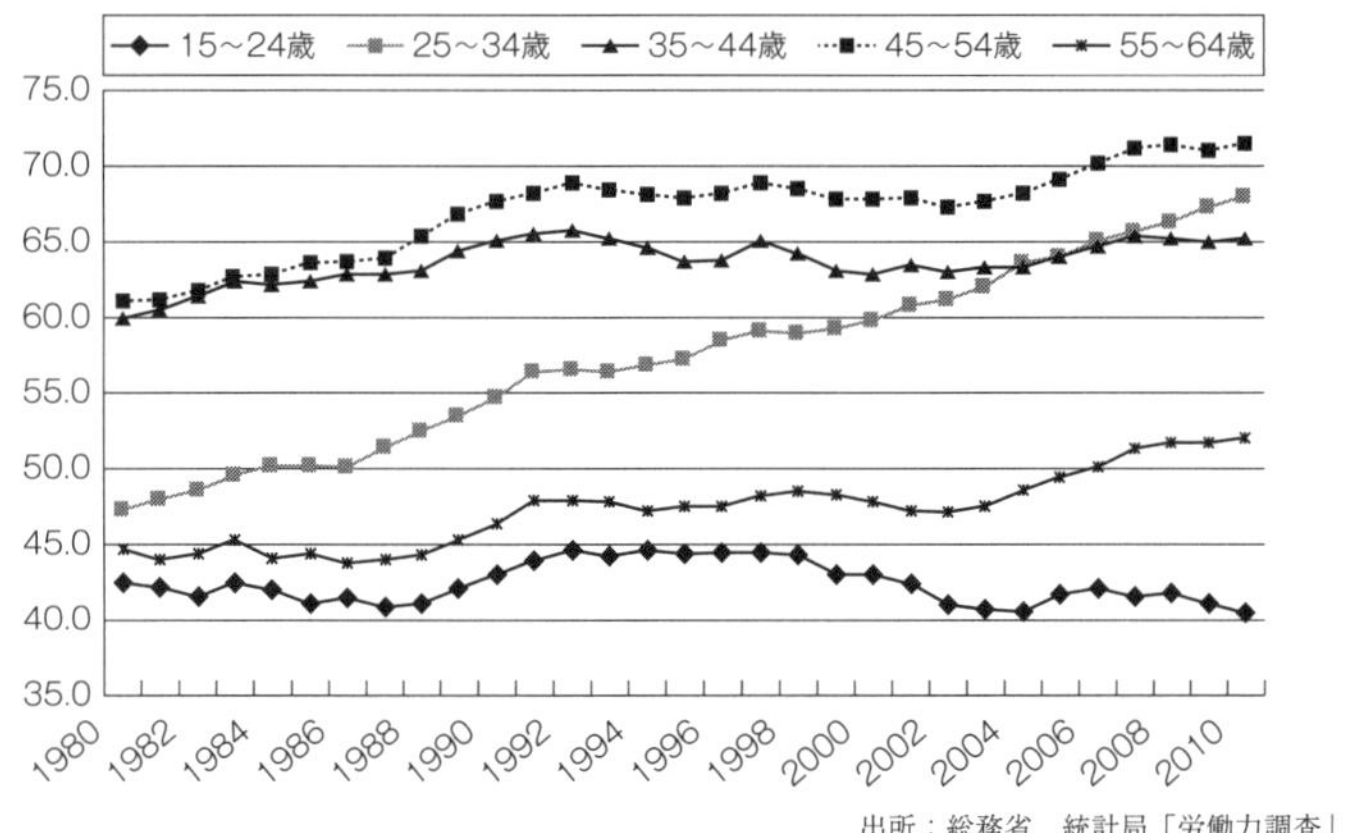

出所：総務省　統計局「労働力調査」

夕食づくりに関する主婦の意識

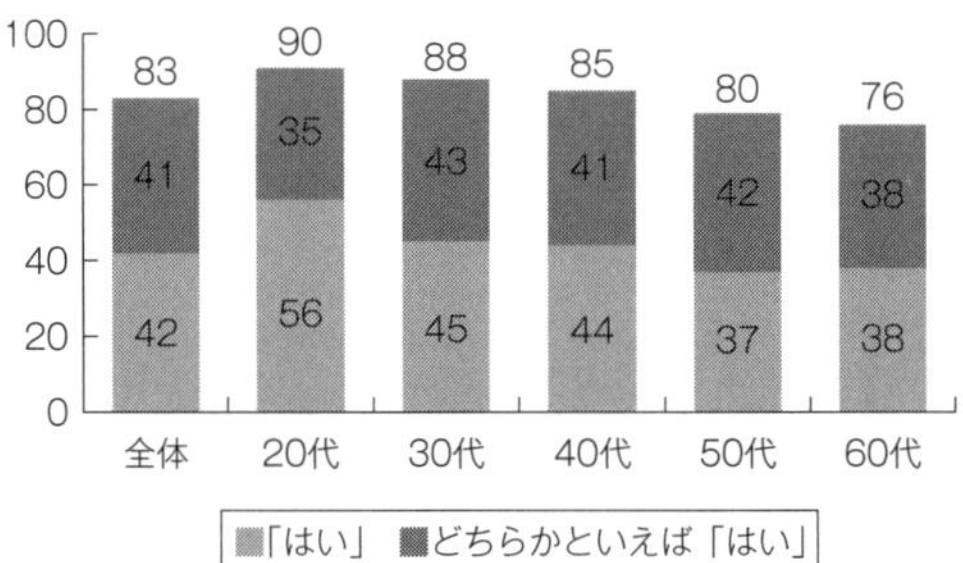

社会構造の変化・長引く不況の影響で主婦の有職率は上昇傾向。忙しい主婦が増える中、夕食にかける時間はどんどん短くなる。特に若い主婦は献立に悩みがち。

とで、夕食づくりに関する主婦の意識が変わってきたことが気になりました。

実際、夕食づくりを担う主婦にとって「今日の夕飯は何?」は「永遠の課題」であり、特に20代、30代の女性にとってはレパートリーも少なく、なおさら頭の痛い課題と言えます。ただ、ここで疑問なのは働く女性が増えてくれれば、簡単に本格的な料理がつくれる『クックドゥ』の売上がなぜ落ちるのかです。

そこで、もっと深い理由を探ろうと、まずは私の妻に「クックドゥ使ってる?」と尋ねてみることにしました。答えは意外にも「使っていない」でした。味の素で働き、『クックドゥ』の担当になったばかりの私にとって、まさか妻がノンユーザーだとは思っていなかったので、最初は少しショックではありましたが、逆に「なぜ使っていないのか」を知ることができるチャンスと捉え、即興でN=1のデプスインタビューを実施してみました。

雑談を装って理由を深掘りしていくと、妻から「クックドゥって味が濃いし、辛いし、あっくん(子どもの名前)食べないじゃん」というリアリティのある言葉が出てきました。仕事などで平日は夜が遅くなる私が、家で家族と食事をする機会はあまりありません。すると、妻と子どもだけの食事になり、当然、子どもの好みや味覚に合わせる食事づくり、忙しい平日の夜に簡単につくれるものを、と考えるのが自然です。そこには『クックドゥ』の出番はありませんでした。

では、『クックドゥ』の代わりにどんなものを使って料理をしているのかな? と食品ストック棚を覗いてみると、そこにはキッコーマンの『うちのごはん』が置いてありました。「なぜ、今会社で話題の競合商品『うちのごはん』が我が家に……」。しかしここで怒りにまかせて尋問しても何も良いことはありません。「へー、こんな商品もあるんだね」と話を向けてみると、「あーこれはね、何も家にない時に、もやしだけ買ってくればいいから便利だなと思って買っておいたの」と妻。(「さっきは味が濃いとか、辛いとか言ってたくせにまったく違う理由じゃないか」)と思いつつ聞いていると、「だいたいあなたは仕事だとか飲み会とかで平日家にいないじゃない。私が平日にどうやって夕食つくっているかとか知らないでしょう」と続きます。あのまま会話風の調査を続けていたら喧嘩になったかもしれません。

こうして、妻との会話が「ワーママ」の心の声を聞く「最初のヒント」になりました。

データを見る時は「平均でものを見るな」

私が担当になる以前、会社で『うちのごはん』の売上が伸びているということが話題になることがよくありました。同僚マーケターたちの感覚は『クックドゥ』は中華で、『うちのごはん』は和風なので、『うちのごはん』が伸びたからと『クックドゥ』の売上が落ちる理由にはならない、というものでした。でも、私が観察した我が家の現実は、『クッ

定性的仮説を持つ→定量的に説明できるデータを探す（あるはず）

■夕食づくりに関する主婦の意識

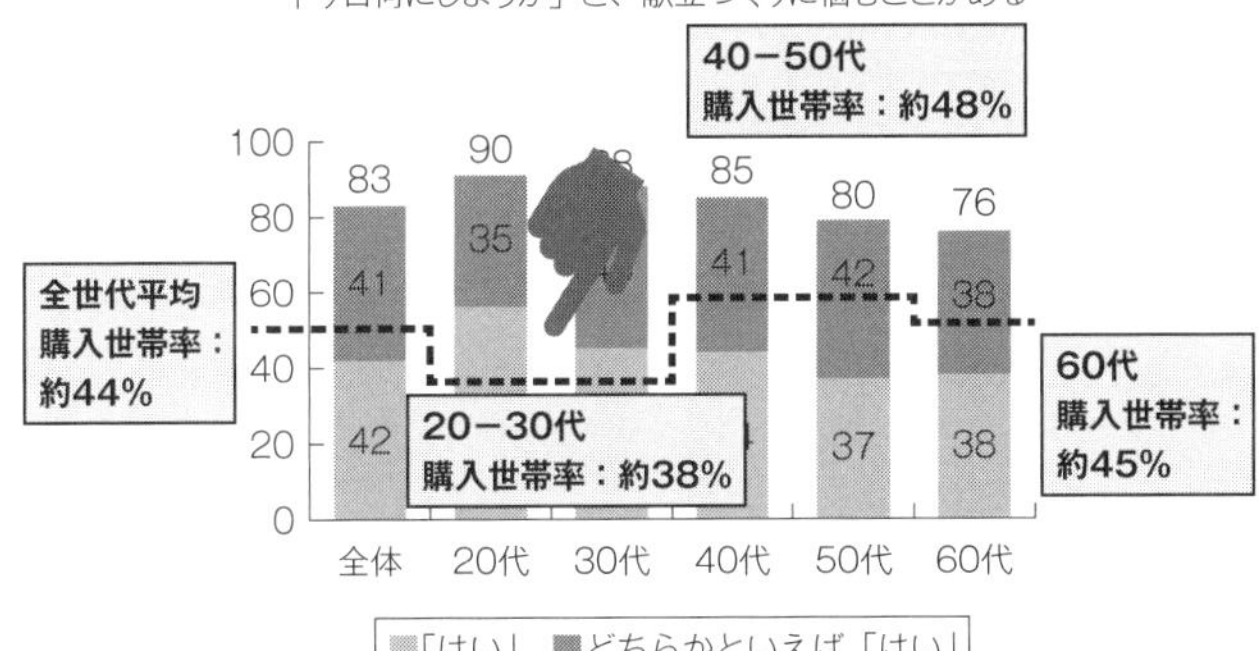

©freebee株式会社2022

クドゥ』と『うちのごはん』は同じコンテクストで、別な価値を持つものとして語られていました。

そこで手はじめに購入世帯率のデータを調べてみると、『クックドゥ』は20代、30代の人たちの購入世帯率が平均の値よりも低いことが分かりました。当時、『クックドゥ』は世の中の主婦の44%が購入しているとデータがありましたが、40代以上の購入世帯率はたしかに45%を超えているのですが、20代、30代の購入世帯率は38%と低くなります。結果としての平均値が44%でした。

実際に、息子が通う幼稚園のママ友たち（多くは30代）に聞いてみると、確かに『クックドゥ』を使用しているという人の割合が低い。定量的なデータと、自分のヒアリングの感覚値が合った時、自分の仮説はやはり正しそうだという確信に変わっていきました。

今買ってくださっているお客さまはもちろん大切にしなければならないし、ありがたい存在なのですが、

受容性 確信度	実現性 確信度	選好優位 確信度	採算性 確信度	社会 共有価値
◎	◎	△ 百均競争激	△ 市場小	△ 古い？
◎	△ 開発難	◎ ブランド強	△ 低GP	○
◎	△ 労力大	△	× 広告費大＝売上要	◎ お助けマン
◎	○ 内堀社	○ 技術開発	○ 高GP・高単価	◎ 新提案
◎	○ 工程有	◎ ブランド強	× カニバる	○

※当時の記憶と、自身の2009年頃の月記内の記録を元に、中島が再作成。

ピーター・ドラッカーが「変化は常にノンカスタマーからはじまる」と指摘しているように、市場の変化を先取りしようと思ったら、ユーザーだけでなく、ノンユーザーに目を向けることがとても大切です。マーケティングが需要創造活動である以上、どうやって新規需要を掘り起こすかは大きな鍵となります。

私自身、このデータを見ながら考えたのは次のことでした。

「20代、30代は毎日仕事と家事と育児で忙しいし、限定的な料理レパートリーしか持っていない。本来なら惣菜の素などにもっと頼りたいはず。その人たちが『クックドゥ』を購入してく

仮説アイデアリスト

商品アイデア段階の受容性確信度はどれも◎になることが多い（**思い込み**）。
※R&Dの人数・時間は有限。開発テーマには優先順位が必要。
※既存商品も育成する必要がある中で、どのテーマを製品開発に進めるか？

番号	アイデア名	誰が	いつ、どんな時	どんな気持ちで	何の代わりに
1	粉末ソース(RUMIC)で、低コスト・缶以上の品質	使えるお金の少ない新米主婦	子供と食べる夕食	缶ソースが美味しくない	HEINZのデミソース
11	夕食で食べるクノールスープパスタ	OL	疲れて帰った夕食	遅いから軽め、スープでいいや	乾麺＋レトルトソース
16	新メニュー用調味料(中華以外)	主婦全般	忙しい時の夕食	簡単・美味しい・メニュー	丸美屋・クックドゥ
29	酢に軸足を置いたソース	上質を求める主婦	お肉や揚げ物に	いつもの料理をワンランクUP	ソース・ケチャップ・MA
36	洋風醤（コクの素）	主婦全般	朝のスープ	いつもコンソメ味、嫌だ	味の素KKコンソメ

れなくて、その代わり『うちのごはん』を買うようになってしまうということは、この人たちが年齢を重ねるにつれて『クックドゥ』の売上はさらに低下するリスクがある」

当時の段階では『クックドゥ』は40代以上の人には高く支持されていましたが、残念ながら20代、30代の支持は低いものでした。では、この人たちが年齢を重ねた時、『クックドゥ』に移るかというと、そうではありません。広告の世界でもよく言われることですが、子ども時代や若い頃の嗜好というのは案外年齢を重ねてからも続くものです。バブル期に育った子どもたちや若者はブランドに憧れて育っていますから、大人になってこれらを買おうとしますが、今のZ世代にとって車やブランドはほとんど関心のないものであり、それが大きくなったから、お金に余裕ができたからと変わるものではありません。

つまり、『クックドゥ』にとっても、購入世帯率の低い20代、30代に支持される商品を今つくっておかないと、確実にじり貧へと向かいます。では、若い人に支持される商品さえつくれば問題は解決するのか？　いやそれだけではダメです。ここから私の『クックドゥ』ブランド全体のリ・ブランディングの取り組みが本格的にスタートしました。

「仮説アイデアリスト」で戦略アイデアをスクリーニングする

新商品を考えるにあたって大いに力になったのが、前頁に記載した、私が過去に作成していた「仮説アイデアリスト」でした。第4章で「はじまりはいつも仮説」について説明しましたが、私は過去の仕事の中で、将来必要になるであろう新商品のアイデアを複数考えていました。本章の第2節から第6節で説明してきた「成功の軸」に当てはめて、どんな開発テーマを立てれば「ヒットにつながるか」を幅広く検討した結果が役に立ちます。

実際、「仮説アイデアリスト」の中では、29番の「酢に軸足を置いたソース」というものを具体的な開発に進め、テストマーケティングの結果、シングルヒットくらいの成果にはなりました。ちょうど２０１１年の東日本大震災のタイミングであったこともあり、残念ながらそのアイデアが全国区に広がることはありませんでしたが、「仮説アイデアリスト」自体は機能したということになります。

それに対し、当時考えた16番のアイデアは、思いっきり大振りして逆転満塁ホームランを狙うようなビッグアイデアでした。受容性確信度（＝コンセプトが生活者に受け入れられる）と社会共有価値（＝社会全体に共感を生む価値がある）は◎なのですが、実現性確信度（＝アイデアを具現化できる仕掛けがある）と選好優位確信度（＝その他大勢の中から選ばれるだけの魅力がある）は△、採算性確信度（＝儲かる仕組みが構造化されている）は×（＝かなりの広告費が必要なため）と簡単には実現できないアイデアでした。

そんな過去につくった一旦お蔵入りになったリストでしたが、思いもかけず『クックドゥ』というブランドを担当することになり、事業再生の分かれ道というタイミングで陽の目を見ることになりました。大谷翔平さん並みのホームランを期待されての出番ですから、通常の商品開発では「無理だね」と言われることも、私の企画次第では全社を動かすような大きなプロジェクトにしてもらうことも可能です。さらに、当時保育園への次男の送りを担当していた私には、家事・炊事・育児・仕事に奔走するワーママたちのリアルに触れる日々がありました。「お母さんを本当に助けられる商品をつくれば、絶対に売れるだろう」という確信というか、「俺がやるしかない」という妙な使命感になっていました。私自身の個人的な事情も相まって「ママや子どもたちが喜ぶ商品を」という純粋な想いだけが日に日に強くなっていきました。

実は商品を開発するうえではこうした個人的な思いはとても大切なのです。

スティーブ・ジョブズがすごい商品をつくるコツとして「自分や自分の家族、友人たちのためにつくること」と話していました。理由はそんな大切な人のためになにかをつくるのなら、決していい加減なことはしないし、全身全霊で取り組むからだそうです。

なかには「自分のためなんて、利己的だ」と思う人もいるかもしれませんが、こうした「大切な人のために最高のものをつくる」という想いは強い情熱を生み、情熱は人から人に伝わり、そしてやり抜く強さにつながっていくのです。

結果、出て来たのが中華の『クックドゥ』に対して、和風の『きょうの大皿』でした。ところが、私がこの企画を提出したところ、上司であった三人めのレジェンド・販売マーケターの岡本達也さん（現味の素株式会社執行役常務・マーケティングデザインセンター長）にこう言われたのです。

「なかじ、これいいんだけどさ、背骨がないな」

商品のコンセプトなどには自信がありましたが、「背骨がない」と言われショック。でも確かに自分で考えてみても、「この事業の背骨になるぐらいの強い価値って何だろう」

と考えた結果、最終的に頭に浮かぶようになったのが「クックドゥというブランドを活かす」というアイデアでした。

白紙になってものを見ろ

これには大きな反対がありました。

『クックドゥ』と言えば「中華」という戦略を長年継続してきたこともあり、社内では、もし和風に『クックドゥ』と付けて失敗したら、ブランド価値を毀損し、売上は大幅減になり、「末代まで名を残す愚将になるぞ」とまで言われてしまいました。

さすがに多少は凹みますが、すでに心に火がついた私は「本当にそうなのか?」と思い、過去から実施されている定量ブランド調査の結果をもう一度読み返すことにしました。よく見ると、ユーザー・ノンユーザー含めて『クックドゥ』に対して抱く純粋想起イメージは、「簡単」、「おいしい」、「本格」、「手軽」という順番になっており、「中華」のイメージもあるものの、それよりも「簡単に本格的なものがおいしくつくれる」というイメージが強いことが分かりました。

それだけでは疑心暗鬼の周囲を説得することはできないと思った私は、日常的に『クックドゥ』を使っているヘビーユーザーやミドルユーザーを集めたグループインタビューを

市場に起きた変化

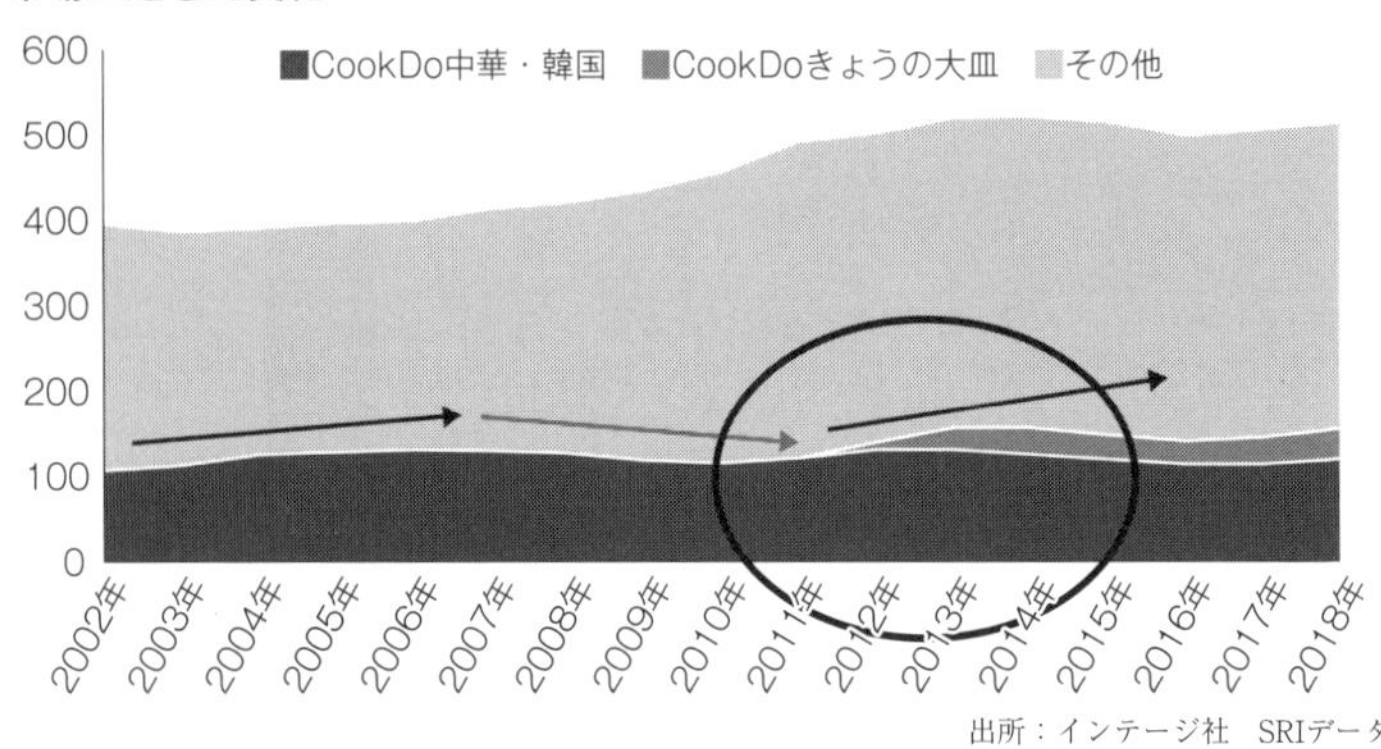

出所：インテージ社　SRIデータ

実施することにしました。社内で何か言われるのはともかく、『クックドゥ』を使っている人たちをがっかりさせてはいけないという想いからです。

『クックドゥ』の中華シリーズのパッケージに「豚バラ大根」のシズル写真を貼った、見慣れていない私たち社内の人間からすればいかにも気味の悪いダミーパッケージをつくってもらい、ユーザーたちに見せて反応を聞いてみたところ、予想に反して「早くこの商品を出してほしい」という声が圧倒的でした。つまり、『クックドゥ』というブランドは「おいしいものを失敗することなしにつくることができる」というイメージであり、その中に中華以外のメニューが入ったとしても拒否反応はなかったのです。

「白紙になってものを見ろ」という言い方がありますが、会社の中にいて、『クックドゥ』事業の成功を見守ってきた人たちには「クックドゥは中華」という先入観があり、そこから脱するのが難しかったのかもしれません。しかし、一般のユーザーからすれば、おいしいメニューが簡単につくれることが何より大切であり、その点で『クックドゥ』への信頼感は絶大です。おいしくて手づくりできない味わいのメニューがつくれるのであれば、「クックドゥ＝中華」に限定するものでもなかったのです。

ブランドは、商標として所有しているのは会社ですが、心の中に抱いて大切に持ってくれているのは生活者のみなさんです。生活者の頭の中にブランドイメージがある以上、私たちマーケターは常に「生活者言語（生活者が具体的にどう表現したのか）」を根拠にする必要があります。

最終的に生まれたのが『クックドゥ　きょうの大皿』、特に『豚バラ大根』や『豚ばらなす』、『肉味噌キャベツ』などの商品は大ヒットとなり、2018年には『クックドゥ』は過去最高の売上を記録したそうです。

『クックドゥ』→『きょうの大皿』成功の胆

今回ご紹介した事例がなぜ成功したのかをここでもう一度まとめてみることにします。

『クックドゥ』→『きょうの大皿』成功の胆

1．受容性（＝コンセプトが生活者に受け入れられる）
世の中の常識となった「ワーママ」の炊事への気持ちと、子どもを思う母親の不変の心理をN＝1から洞察し、『クックドゥ』事業の不調の構造を読み解いたこと

2．実現可能性（＝アイデアを具現化できる仕掛けがある）
自社のエースR＆D人員の獲得を経て、独自のコンセプトを裏打ちする圧倒的なおいしさのレシピ・製造プロセスを確立できたこと

3．選好優位性（＝その他大勢の中から選ばれるだけの魅力がある）
ロングセラーの原点、「本格中華調味料」だけでない、『クックドゥ』の本質的な存在意義をお客さまの言葉の中に発見したこと

4．採算性（＝儲かる仕組みが構造化されている）
20億円の売上が損益分岐点であることを踏まえ、商品開発時のGP管理を徹底することで、広告投資の原資を捻出し、かつ黒字化までの売り上げ伸長の道筋・事業採算構造を発売計画書に描いたこと

5. 社会共有価値（＝社会全体に共感を生む価値がある）
個人の体験・想いをベースに、「忙しいワーママのために」という社会的大義を堅持したこと

以上が「活用事例」となりますが、なかには「日本の事例で、海外では通用しないのでは」と思う方もいるかもしれません。

しかしながら、マスマーケティングの成功事例という観点からすると、まさに今後アジアの国々の市場で「マスの塊」が構築されることは確からしい未来であり、そのまま横開することも不可能ではないと思っています。

日本のマーケティングは緻密さと正確さが求められます。それはすでにマスがスモールマスに細分化されているからです。ストラックアウトのゲームにたとえれば、マスは16マスの小さな枠で守られています。投げる側のコントロールも細心の注意が必要です。

一方、アジアのマーケティングはまだ雑多というか混沌とした市場に力強くブランド・事業をつくる仕事です。マスは4マスしかないですが、射抜くためには重い鉄球を使って、まるで砲丸投げのような力強さで投げ切る大変さがあります。

もちろんそれぞれの国によって事情は少しずつ異なりますが、基本は「成功の5軸 × 3原則」に則ったマーケティングを、その国で求められる粒度に沿って計画をつくり、最

後はリーダーのやり切る力・強い意志をもって現場でプロジェクトを遂行する。国が変わろうとも、それが重要なことに変わりはないのです。

第8節 ヒットの法則15原則の活用事例（海外編）

日本のマスマーケティング成功事例をアジアに

第7節でご紹介した活用事例は、私自身が日本の味の素で実践したことです。

これはマスマーケティングでの成功例であり、今後、人口が減少へと向かい、かつ消費者のニーズが多様化している日本においては、これからはマスマーケティングは徐々に難しくなってくるかもしれません。しかしながら、反対にアジアというグローバルマーケティングにおいては人口も増え、経済も発展する中で、これからがマスマーケティングの時代だけに、日本以上にこうしたやり方は効果を発揮するはずです。

たとえば、私が事業支援を行ったフィリピンのオイスターソースや、カンボジアのポークパウダー、あるいは私ではありませんがタイ味の素が１９９３年に発売した缶コーヒーなどはまさに日本式のグローバルマーケティングが当てはまった事例と言えます。

味の素と缶コーヒーというとピンと来ないかもしれませんが、実はタイで発売している

『Birdy』という缶コーヒーブランドはタイでナンバーワンの売上を誇っています。本来、コーヒーというとネスレが強いはずですが、味の素がお株を奪う成功を収めています。

きっかけは日本の味の素からタイに駐在した人間が、タイでは高速道路が伸びていて、長距離トラックもたくさん走っていることに注目しました。それを見た一人のマーケターが「缶コーヒーは眠気覚ましにもなるし、出せばトラックドライバーに支持されるはずだ」と気づいて開発したというものです。第一参入で先行優位もあり、売上第一位に躍り出て、今もその順位を保っています。

しかし、数年前にカラバオというエナジードリンクの会社が缶コーヒーを発売したことで、少しずつシェアを奪われるとい大事件が起きました。ただでさえグローバルジャイアントのネスレとの戦いが激しいのに、さらに新ブランドの市場参入が起こる。これはそれぞれの業界のカテゴリーの多くが、いまだ成長期であるアジア諸国ならではのマーケティング課題です。タイというのはエナジードリンクの需要が高く、世界的に有名な『レッドブル』も元々はタイのエナジードリンクをヨーロッパで売れるように改良したものですが、そんなエナジードリンクの業界で『レッドブル』以上に売れているのがカラバオです。

つまり、ユーザーにとって馴染みのあるカラバオが缶コーヒーを出したことで市場で受容されはじめたわけです。幸い、その時のマーケティング担当者が製品戦略、販売戦略、広告マーケティング戦略を全方位で見直した結果、味の素が得意とする販売店カバー力を駆使して無事に打ち返すことができました。タイ味の素の缶コーヒーは今でも市場シェア一位を維持していますが、それなりのブランド力を持つ企業を相手に勝ち続けるためには、常に現場で起こっていることを観察し、定期的にマーケティング戦略を見直す必要があるという参考になります。

このようにアジアと言っても一括りにはできないので。1つひとつの国の実情に合わせながら応用する必要もあります。

欧米のグローバルジャイアントと呼ばれる企業のやり方を見ると、たとえばユニリーバやP&Gは自分たちの国で成功したヒット商品を「これはいいものだからみんな買いなさい」と中央集権的に進める傾向が強く、あまり現地化をしないと聞きます。それぞれの国に合わせるというよりは、同じ商品、同じ顔のものをどの国でも並べて売るやり方です。

反対にネスレは最初に触れたようにスイスという人口の少ない国の出身ですから、同じものを並べるというよりはそれぞれの国に合わせるという傾向があります。

「顧客が目にするものは、すべてローカルに。顧客が目にしないものは、すべてグローバルに」はフィリップ・コトラーの言葉ですが、ネスレはグローバル&ローカルで「グローカル」を実践している、我々日本企業にはお手本となる企業です。

「日本式グローバルマーケティング」としての展開

その意味では日本人は昔から世界から持ってきたものをそのまま使うのではなく、自国の仕様に変えて「ローカライズ」していくことを得意としています。コンビニにしても、宅急便にしても、トヨタ生産方式にしても、大元のノウハウやヒントは海外から持ってきても、それを日本で改善に改善を重ねることで世界に通用するものに変換しています。

だとすればマーケティングにおいても、元は海外から持ってきたものを日本という市場で磨き上げ、それを再び海外に持って行って「日本式グローバルマーケティング」として展開することもできるはず。これが日本式を標榜する私の成功するための仮説です。

では、そのためには何が必要かというと、マーケターである日本人自身が現地の人の中に入り込む努力をして、現地の人たちと一緒にやることです。そのうえで「なぜカンボジアの人はこういうことをするの?」「タイの人はこうするけど、日本人だとこうなんだけど」といった会話を通して、「この国でヒット商品をつくるためには何が必要か」「日本式の何が通用して、何を変えなければならないのか」を考えていくことが大切です。

反対にやってはいけないのは、相手の国の実情も知らずに自分たちのやり方を無理に押し付けたり、現地の人の言うことを100%信じて自分たちのやり方を見失ってしまうことです。現地の人だからと「すべて」を知っているわけではありませんし、そこでずっと暮らしてきたことで生まれた先入観などが影響して、新しいやり方に目がいかないというのもよくあることです。

私たちは文化や経済の発展段階を経て、この国で生まれた多様な生活者インサイトの変化、それに合わせたプロダクトの進化を身をもって体験しています。マーケターの強みは日本だけでなく、さまざまな国を見て、さまざまな経験をしてきたことです。そんな自分なりの感覚や、自分なりの洞察があって、それが現地人の感性・感覚とマッチした時、そこに「新しい融合価値」が生まれる可能性があります。

「仮説アイデアリスト」活用のススメ

その際、ぜひ使っていただきたいのが本章の第7節で紹介した「仮説アイデアリスト」です。これは、以前にフィリピンの現地スタッフたちにも使ってもらったことがありますが、どの国のマーケターにとっても有用であることを実証済みです。

まずは一人が100個のアイデアを考える、とにかくどんなくだらないことでも良いのでアイデアを発散するプロセスからスタートです。次のステップとして、それをチームとして共有し、他人のアイデアで参考になるものは取り入れ、アイデアを融合し、チーム全体の「衆知」として結集していきます。その上で、「ヒットの法則15原則」に沿って設定されたスクリーニング項目を使用して、アイデアを絞り込んでいきます。

すぐれたアイデアというのはいきなり生まれるわけではなく、山のような仮説の中から磨けば光る原石を探す作業からはじまります。アイデアの数が少なければ質の高いアイデアの原石を発見できる可能性も低くなります。

マーケティングの世界でもヒット商品が生まれる確率は「千三つ」と言われるほど難しいものですが、「アイデアリスト」から「ヒットの法則」へと進み、きちんと検証し組み立てることができれば、その確率は間違いなく上がります。もちろん100%ということはありませんが、10%くらいにまで引き上げることができれば、日本市場であってもグローバル市場であってもヒット商品が生まれる成功確率は上がりますし、これを世界各国でやれば、同時にたくさんの国でさまざまなヒット商品を生み出せるようなプロセスも確立できると思います。

しつこいようですが、忘れてはならないのは、日本でヒット商品を出すことができない企業が、「じゃあ、海外へ」と出て行っても失敗する確率が高いということです。最初に触れたように世界には日本企業よりも巨大な企業がたくさんあり、その戦いは過酷なものだからです。大切なのはまずは日本国内でヒット商品をつくるためのプロセスや取り組みの型を確立することです。日本での「勝ちパターン」を身につければ、海外に出た時にもそれを「ローカライズ」適合して応用することができます。そこには、これから成長へと向かうたくさんの市場が開けているのです。

【ワーク】やってみましょう：「仮説アイデアリスト」の作成

138～139頁に記載した私の「仮説アイデアリスト」を参考にしながら、みなさんご自身で仮説アイデアをまとめてみてください。

私がおすすめする進め方のポイントですが、このワークは自分一人だけでなく、複数メンバーと一緒にやってみることです。アイデア拡散・拡張は自力でやるだけではなくチームのメンバーの力も使って、また、アイデアの評価（スクリーニング）は他人の目・他力を使うことです。

誰だって自分が考えたアイデアは判官贔屓してしまうものですから……。

	受容性確信度	実現性確信度	選好優位確信度	採算性確信度	社会共有価値

STEP3【評価】：出したアイデアを「受容性確信度」「実現性確信度」「選好優位確信度」「採算性確信度」「社会共有価値」の各項目で評価した上で、取り組みの優先順位をつけてみましょう。

◎（**成功確率**90%以上）、○（60－80%）、△（50%）、×（30%以下）

【ワーク】「仮説アイデアリスト」の作成

番号	アイデア名	誰が	いつ、どんな時	どんな気持ちで	何の代わりに	

STEP1【拡張】：まずは制限を設けずにアイデアをつくってみましょう。できれば100個以上のアイデアを出してみましょう。

STEP2【集約】：出したアイデアを「誰が」「いつ、どんな時」「どんな気持ちで」「何の代わりに」の各項目に当てはめてみて、ただの思いつきをアイデアの種にしていきましょう。

Chapter 6

ブランドと社会価値・存在意義

ブランドはお客さまの心の中で育っていくもの

マーケティングについて考えるうえで外せないのが「ブランド」の価値です。

「ブランドとは」という定義はいくつかありますが、私自身の考え方は

「お客さまの頭の中に蓄積されたイメージの塊で、あるものと他のものを区別し、自分にとって大事な価値の提供を約束してくれる言葉や記号」

です。企業にとってブランドは「育てるもの」となりますが、私自身は企業が押し付けるというよりは、「お客さまの心の中で育っていくもの」ではないかと考えています。前章で「生活者言語」を重視したのもまさにこの観点によるものです。

私は『ミニクーパー』という車が好きで、自分でも乗っているのですが、ミニクーパーを買うと、ミニクーパーのブランドブックという冊子をもらうことができます。頭に「ミニでしか体験できない世界へ。」と書いてあり、「ミニと生きる幸せ」というのを読むと、単なる移動手段としての車ではなく、自分の仲間、良き相棒であることが伝わるつくりになっています。

恐らくメーカー側も「ミニ」というブランドは既に顧客との共有資産・共有価値になっていることを理解しているのだと思います。このブランドブック全体を通じて感じる「ようこそ、我々の世界へ！」という感覚は、読んだ側を自然にワクワクさせ、この中年おじさんを少年のようなピュアな心に戻し、「あー、はやく乗って運転してみたい」と思わせるには十分な効果があります。

日本の車だとどうしても「安心や安全」が強調されがちです。たしかにそれも大切なことなのですが、『ミニクーパー』独特のゴーカートフィーリング（車輪を車体の四隅の端まで移動させたことによる、ホイールベースの長さと車高の低さから感じられるキビキビとした走り）は、「この車を運転すること自体が楽しい」と思わせるつくり、ブランド価値の構造化がなされています。

日本の経営者でブランドの価値をしっかり認識していたのがパナソニックの創業者の松下幸之助さんです。まだブランドという概念が日本できちんと確立されていなかった頃から松下さんは「ナショナルのマーク」についてこんな発言をしていました。

「最近のわが社の製品を見ると、遺憾ながら『ナショナル』のマークに恥ずべきものがある。先日も、私はある製造所の支配人に、君の所の商品には『ナショナル』のマークをつける価値がないからマークなしで売り出せと叱ったことがあった。今わが社がもし1つの商品でもマークに恥じるようなものを出したなら、それはすなわちすべての『ナショナル』製品に影響するのである」

「諸君はまずその心構えとして、マークに対する信用を保持する、マークを尊重する概念を持たなければならない。諸君は、『ナショナル』のマークに対しては信用があるのだと思って安心してはならない。むしろ逆に、かつてのわれわれの努力、実力によって、今なお持続している『ナショナル』のマークに対する信用を、いかにして失わずに保っていくかに、深甚の考慮をはらい、努力がなされなければならないのである」

いずれも今読んでも「なるほど、その通り」という発言ですが、松下さんが大切にしていたようにマークやロゴ、ブランドというのは、企業がつくる商品や提供するサービス、何より経営と切っても切れない関係にある大切なものなのです。

ブランディングの羅針盤

2018年、私はお世話になった味の素を卒業し、事業コンサルティングと新事業開発、ソーシャルビジネス推進のための組織である「freebee」を創業しました。その際に実務で使えるテンプレートとして「ブランディングの羅針盤」という枠組みをつくりました。ブランディングの作業はすべて顧客の頭の中のことを想像しながら行うので、たとえ日本人相手でも言葉でしっかり定義しておかないと方向性がずれることはよくあります。まして や、日本人が中国・香港や韓国、東南アジアなど世界各国の仲間たちと思いを共有するためには、何らかのブランド活動の指針、テンプレートとなるものが必要と考えたからです。

テンプレートは次のようなものです。

ブランディングの羅針盤

1. 何のために活動するブランドですか?
2. 大切にしたいお客さまは誰ですか?
3. お客さまの心の声・ニーズは何ですか?
4. あなた(このブランド)なら何ができますか?
5. なぜそれができるのか、理由を教えてください。

この問いに1つひとつ答えてもらうことで、相手先企業は何のため、誰のために存在するのかをしっかり認識することができるようになります。

なかには、このような質問をすると回答に困ってしまう経営者や担当者の方もいらっしゃるのですが、もしこの問いに曖昧な答えしかできないとすれば、自分の企業の使命や、提供する唯一無二の価値がはっきりせず、ブランドの志が相手に伝わるような活動は実施できていない、結果的にブランドも確立できないだろうと言えます。

日本初の世界ブランドとして素晴らしいブランドはいくつかありますが、私はその中でも生活雑貨や食品を扱う『ＭＵＪＩ』が好きです。マーケター仲間に無印良品出身の方で、今は大学で教鞭を取られている友人がいるので、出来たばかりの「ブランディングの羅針盤」を持参して意見を聞いてみたことがありました。

彼女から「すごく分かりやすいし、使いやすそうなテンプレートだね！」というフィードバックをもらい、実務家・学界の両方の視点からの共感を得られたことは大きな自信になりました。

彼女曰く、「『ＭＵＪＩ』は、『これがいいではなくて、これでいい』を、さまざまなカテゴリーで追求しているんです。だって人々はさまざまな情報に囲まれて生きていて、たくさんの選択の悩みを抱えている。悩みたくないっていう時に、『あ、これでいいや』と感じてもらい安心して使ってもらえたら、それは自分たちにしかできない価値作りだよね」

誤解のないように補足すると、無印良品は「これでいい」を具現化するために、適当に商品開発をやっているわけではありません。原料選びからサプライヤーとの協力関係づくりなど、ものづくり自体にとてもこだわっている会社です。でもそれを生活者に押し付けることはやらない。社会の中に存在する一員として、自分たちがやるべきことを、当たり前にこなす。世界中で愛されている『MUJI』ブランドの原点が、とても日本的で自然な感じがするのは私だけではないと思います。

ブランドの根底にあるのは志や想い

『MUJI』がそうであったように、ブランドの根底にあるのは志や想いです。

私がマーケター育成研修のお手伝いをしている霧島酒造で、マーケティング担当専務が部下に言っている言葉を聞いて納得させられたことがあります。曰く、「焼酎を売っているからといって、とにかくたくさん飲んでもらえさえすればいいというものではない。そうではなくおいしい焼酎があって、おいしい食事があって、華やかな気分で食事を楽しめる。そういうものをわが社として提供したい。だから大容量を闇雲に出せばいいというものではないのです」

焼酎というと、中には4リットルぐらいの大きなボトルで売られているものもありますが、同社がやりたいマーケティングはそういうことではなく、「おいしいサツマイモを使ったおいしい焼酎のある食卓をつくっていく」のだという、こだわりや志の詰まったものづくりです。結果、現場の人間が心を込めてつくり上げる『黒霧島』や『赤霧島』は大ヒットして、同社を代表するブランドに育っていきました。

ブランドマネジメントの胆は「想い」や「志」であり、企業がやるべきはブランドを押し付けることではなく、生活者とのすべての接点において、提供する商品やサービスを通じて、「その企業ならでは」の価値と約束を提供し続けることなのです。

ディズニーランドが今も世界中の人に愛されているのは、ウォルト・ディズニーの「僕は、中を歩いたり、乗ったり、利用したりするお客さんたちに笑顔を浮かべながらパークの門を出て行ってもらいたいんだ」という想いが随所に取り入れられているからであり、今も世界中のディズニーランドで働く「キャスト」一人ひとりが、この世界観の具現化のために絶えまぬ努力を継続しているからです。

愛され続ける消費をつくる

ここまでは企業ブランドの話ですが、現場のマーケターが自分の担当する商品に落として考えると、「愛され続ける商品はどうすればつくることができるのか」という課題に突き当たると思います。

愛され続ける商品づくり

・世の中は自社製品・サービスだけで形成されない。①受け入れられ、②実感され、③選ばれ続ける、価値構造を創り出すことがマーケターの役目。
・かつ、企業の成長の源である新事業・新製品開発の結果として、対価を頂ける採算構造を創り出すこと。両立するのは至難のチャレンジ。

【商品企画・商品開発の模式図】

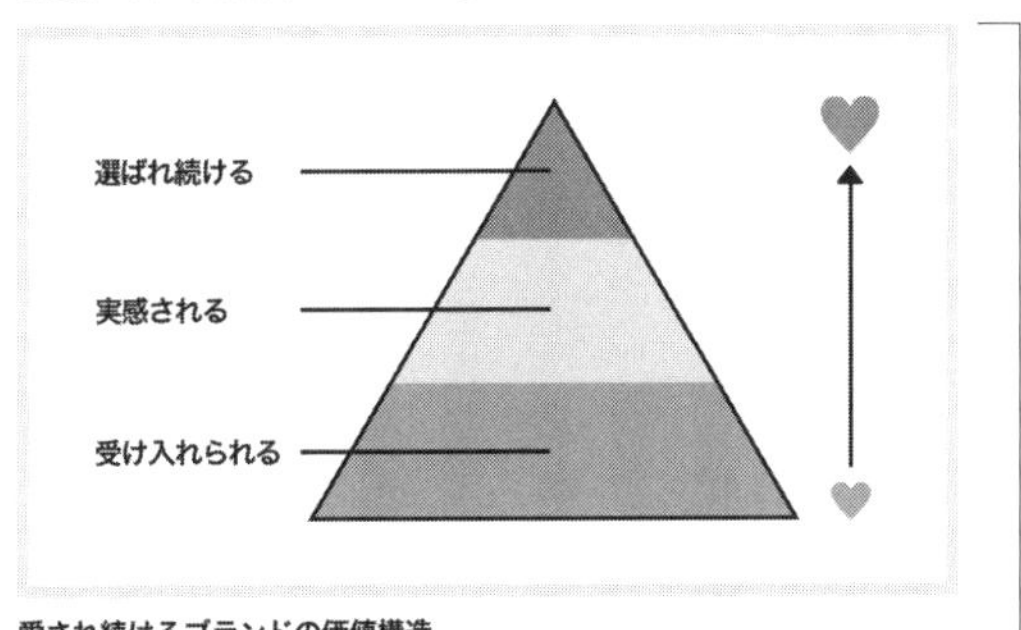

愛され続けるブランドの価値構造

ブランドづくりと同様、商品づくりも多くの顧客との接点で価値を提供し続けることが大事です。表のように三角形の一番下の山から登っていくことになります。

一番の下の「受け入れられる」だけであれば、「一発屋」的に開発された商品でもできるかもしれません。ですが、「実感され」、「選ばれ続ける」本物のヒット商品にするためには営業部門・マーケティング部門・工場部門などバリューチェーンに関わるすべての人間の努力と、そしてお客さまが商品を愛してくれるようになるまでの時間がかかります。

このプロセスだけでも大変なのに、マーケターとしては、売上・利益を確保することも同時に成し遂げなければならない。「愛され続けるブランド・商品」、「対価をいただける事業構造」の2つの山を同時に登ることで初めて、マーケターとして「本物のヒット商品」をつくり上げたことになるのです。

「おかずをつくるために使う、惣菜の素と聞いて思い浮かぶ商品はなんですか？」という質問に『クックドゥ』『丸美屋のマーボー豆腐』とパッと出てくる答えがあります。このように一番最初に出てくる答えを「純粋第一想起」と言いますが、強いブランドになればなるほど「純粋第一想起」でのマインドシェアも高くなり、業界ではそれが売上シェアとも高い相関があると言われています。いろんな国で、いろいろなブランド・商品で強いブランドを構築することができれば、グローバルマーケティングでの成功に更に一歩近づくのは想像に難くありません。

ところが、こうしたヒット商品やブランドが怖いのは、一度築き上げたからと安心していると、あっという間にひっくり返されるという点です。現実的には、ある企業が築き上げたブランドの牙城を崩すのは簡単ではなく、大変な苦労を要するわけですが、それでも「うちのブランドは強いから」と安心しきっていると、地元の競合ブランドが年々シェア差を縮めてきて気がついたら追い越されていたとか、ある時に画期的なヒット商品が発売されて、競争環境がひっくり返るというのもあり得ることです。

そしてもちろん不祥事などを起こせば、どれほどの長い時間をかけて築いたブランドでさえ、「ほんの一瞬」で崩れ去ります。まるで「永遠の帝国」にさえ思われたブランドも風向きが変われば崩壊してしまう。私たちはそんな事例をいくつも見てきたはずです。

ブランドに触れた後、どんな気持ちになる？＝態度変容

誰 （実ターゲット）	どんな時 （シーン）	どんな 気持ち
 ・小さな子供のいる 30代のワーママ ー料理レパートリー限定的 ーパパは平日お仕事で遅い	・平日の夕ご飯作り ー子供はお腹空いてる ー時間がない中で調理 ・「今日の晩御飯何？」 ・「給食もカレーだった」 ・「野菜食べたくない」 **正直な子供の反応……**	・「今日の晩御飯 何にしよう……」 ・「ちゃんとした物を 食べさせたい」 ・「私は食事づくり マシーンじゃない！」 **母の炊事の悩み （毎日）……**

（その商品に触れて）
どんな気持ちになる？

✓フライパンで炒めるだけ
✓お肉も野菜も摂れる
✓家にあるキャベツとひき肉だけで
✓甘味噌味だから子供も喜ぶ
✓洗い物も少なくて済む

**「このメニュー、
これからの我が家の定番だわ！」**

人の心は変わるものですし、人の心を企業がコントロールすることができません。だからこそ、社会と企業をつなぐ社会共有価値の象徴とも言えるブランドを、商標として所有している企業側が大切に守り続けることが必要なのです。

Chapter 7

事件は現場で起こっている

―CAPDのススメ

「PDCA」？「CAPD」？

本章のタイトルを見て、「これ、間違っているよ」と思われた方も多いのではないでしょうか。

ビジネスパーソンになったばかりの頃、私たちが研修で教えられるのは「報連相」や「PDCA」です。それに対し、本章のタイトルで「CAPD」となっているだけに「おかしいな」と感じるのが当たり前かと思います。この概念は第四章でもご紹介した味の素海外事業発展の礎を築いたレジェンド・古関啓一さんから習ったものです。

「日本人はずっと計画を立てるばっかりやっていて（P）先に進まない。机の上で考えてるんじゃなくて現場に行って見てみなさい（C）。そこには必ず何かの課題があるんだから、それを修正するなりすぐできる対策を打つなりして（A）、そこからうまくいくものを大きく展開すればいい」

この概念はもともと海外営業の現場で使われていた手法ですが、私が長年マーケターとしてやってきた経験からすると、マーケティング活動、商品開発活動においても「CAPD」というアプローチは有効だと考えています。

たとえば、あなたの働いている企業がある商品の輸出を検討しているとして、社長からマーケターであるあなたに「アメリカかヨーロッパか、中国か東南アジアか、どの国に輸出すればいいかを調べて、グローバルマーケティングの計画をつくれ」と指示をされたとします。あなたなら何から始めますか？

真面目な日本人のあなたは「完璧な計画をつくらなければ」と動きはじめます。デスクリサーチを開始し、調査会社などに委託して、どの国で何が売れていて、自社の商品は果たして受け入れられるのか、その国に輸出するためにはどんな法律や規制があるのか、輸出するにあたってはどの代理店と組めばいいのか徹底的に調べると思います。費用も発生しますし、何より時間がかかります。

結果、立派なレポートが出来上がり、それを元にして会議が開かれ、ようやく「この国にこの商品を輸出しよう」という結論が出るわけですが、そこに至るまでには既に長い時間を要して計画作業（P）だけを繰り返しています。これだけの時間と費用をかけた以上、○○商品輸出プロジェクトは絶対に失敗できないものになります。

しかし、現実にはどれほど完璧な計画を立て、実行したとしても、計画通りに売れるとは限りません。どんな計画も「計画通り」ということはなく、たいていの計画は微調整や見直しを迫られることになります。日本の企業の場合、「一度立てた計画は簡単には変えてはいけない」「一旦はじめた以上、失敗は許されない」という風潮があり、「これは失敗するのでは」と現場の人が感じたとしても、そのまま走らせてしまい、手痛い失敗を被ることも少なくありません。

「ＰＤＣＡ」が役に立たないということではありません。しかし、グローバルマーケティングにおいて、完璧な計画をつくること自体に難易度があるのであれば、計画をつくろうと時間をかけすぎることよりも、もっと高速で仮説検証のサイクルを回せる工夫が必要になります。

計画に縛られ過ぎると成果が上がらない

では、どうすればいいかというと、そのヒントが「ＣＡＰＤ」にあります。

たとえば、○○商品輸出プロジェクトの場合、法規制や市場規模の推定等のある程度の事前調査は行うとしても、まずやってみるアクション（Ａ）として、ジェトロなどの外部機関が実施している見本市に出店してみるというやり方があります。

自分たちの仮説をもとに「たぶんこの商品なら外国でもいけるんじゃないか」というものを出品し、ヨーロッパのバイヤー、アメリカのバイヤー、アジアのバイヤーの反応を確認し意見を聞いてみるのです。そのまま受け入れられてスムーズに商談が進むこともあれば、その逆に仮説が全く外れて頭が真っ白になることもあるでしょう。

計画段階、机上の空論段階で見えなかったことを小さな仮説検証プロセスで発見できたとしたら、出店料は無駄になってしまいますが、実際に商品を輸出する際にかかる費用、実際に輸出してしまった後に相手国の代理店から「売れないからお金は払えない」と言われて多額の売掛債権が残るよりはマシです。

大切なのは「完璧な計画を前もってつくる」ことでも、「とにかく輸出する」ことでもなく、いろいろな国のバイヤーと接触する機会をつくり、自信のある商品がどのような評価を得られるかを検証してみることです。こうした仮説検証（CとA）を経て、たとえば「タイ人の評価がとても高かった」なら、その時に初めて「タイに輸出する」（PとD）という行動に移ればいいのです。

私自身、計画に縛られ過ぎると成果が上がらないことを実感したのは、第4章でもご紹介した中国でのうまみ調味料『味の素』の販売です。

当時の会社の方針は、家庭用のビジネスを広げるためには、市場に家庭用の商品を売れば、いつか『味の素』も家庭に浸透する、というもので、これは『味の素』を海外に広めた味の素の成功体験をベースとする考え方であり、よくできた計画でした。

ところが、思うような成果は上がりません。「何かがおかしいのでは」という疑問が湧いた私は、営業同行を繰り返す中である共通の現象に気がつきました。

すべてのチームが午前中は市場を回って家庭用の小袋の商品を販売しているのですが、

14時か15時ぐらいになるとどこからともなく電話がかかってきて、予定を変更して市場からは少し離れたところにある倉庫街に寄ります。そこで荷下ろしされる商品は業務用の大袋商品。1日の営業活動を終えてすべての営業マンの帳票をチェックすると、売上のほとんどは最後に配送した卸売問屋向けの業務用商品で占められていました。

前述の通り、広東人は家ですべての料理をつくるより、ガチョウやアヒル、豚の丸焼きなど吊るしてあるものを切って持ち帰って食べるのが一般的です。ということは昼過ぎから夕方にかけてはレストランやおかず屋さんの調味料の使用量も大きく伸びることになります。忙しくなる夕食の前あたり、レストランが休憩中の時間に問屋は商品を配送したい。だからうちの営業マンへの電話注文はいつも14時とか15時に持ってこいということでした。

家庭用の小袋タイプの『味の素』を売る活動よりも、従来の戦略の代わりに、「外食市場に容量の大きなものを売ってみたらどうか」という仮説は現場での（C）がベースになっています。もちろん絶対の自信があったわけではありませんが、計画が計画通りにいかないのには必ず理由があります。古関さんが仰っていた通り、現場には必ず何かの課題（裏をかえせば機会）があります。

現場をチェックし、「こうしたらどうだろう」という仮説を立てて、とりあえず小さくやってみる。それを繰り返すうちに「こうすればきっとうまくいく！」と本格的な計画を立てるだけの確信に変わる瞬間が訪れます。

とりあえずやってみるか

もちろん最初から完璧な計画を立て、計画通りの成果を上げることができれば素晴らしいわけですが、グローバルマーケティングという変化の激しい市場を相手に完璧な計画を立てるのは簡単ではありません。

先ほどの中国のケースも、中国が経済的に発展を遂げ、人々の経済力や食生活に変化が起きていたからこその外食市場拡大ですし、そのタイミングで戦略変更がマッチした例です。ましてや今の中国ともなれば、さらにいくつもの修正を加えない限り市場に入り込むことはできないし、ヒット商品を生むことなどできません。

大切なのは少しでも「これは違うんじゃないか」という違和感を覚えたら、現場でチェックして、「こうしてみたらもっといいのでは」という仮説を立てて実行することです。「とりあえずやってみるか」という姿勢です。

営業活動の例だけでなく、マーケティング活動の例もご紹介したいと思います。

私が味の素で『クックドゥ』を担当していた時のことです。

『クックドゥ』は頻繁にCMを打っていましたが、CMを打った翌日にスーパーに行くと、定番商品の棚が空っぽになっているということがよくありました。当たり前のことですがスーパーに買いに行って品物があれば買いますが、なければ買いません。どうしても欲しいからと何軒ものスーパーをハシゴする人はほとんどいませんから、これではせっかくCMを打っても肝心の品物がなくなっては、販売の機会を失うことになります。マーケターとしては何とももったいない話です。

そこで、なぜこんなことが起きるのかと調べると、定番の棚に並んでいるのは多くて10個くらいですから、CMを見た近所の人が買いに行くと、あっという間に売り切れになってしまいます。こう考えました。「CMを打つと一列10個では売り切れるため、CMに合わせて2列20個置いてもらうようにできないか」と。もちろん、限られた店舗スペースに自社商品だけを2列並べてもらうことは難しいことは分かっている上で、「せっかく売れている商品が売れないのは、流通にとっても機会損失になっている。2列に並べればもっと売れるようになるかもしれない」という提案ができないかを考えます。

そういう新しい「企み」が好きな営業マンは全国のどこかにいるものなので、彼らの担当企業のいくつかの店舗で試しにやってもらい、結果が良ければ横展開すればいい。もしうまく行ったらその時の成功体験は営業マン個人にとっても貴重な体験になるし、もしうまくいかなかったら、それはそれで「仮説は合ってたけど、対策はうまくいかなかった」と見切りをつけて、次のアクションを考えれば良いのです。

こうしたとりあえずやってみる、ラフに仮説検証してみる（C→A）、ということを繰り返しながら、マーケターは「成功の肌感覚」を自分の中に蓄積していきます。プロになるために必要な時間を10000時間という単位で表現することがありますが、高速CAPDを人生の中での何十回も回していると、「完璧な計画づくりに長い時間をかける」ことよりも「まずは仮説を立てて、何が効果的かを実験的に検証していく」やり方が、はるかに有効であると気づくと思います。

実はマーケティング活動と、データ分析、市場調査・消費者調査は切っても切れない重要な関係にあります。実際、私はデータ分析や消費者調査を企画することがとても得意で、仮説を仮説のままで終わらせないために、定性調査（エスノグラフィック調査、グループインタビュー、デプスインタビューなど）や定量調査（ブランドトラッキング調査、コンセプト調査・プロダクト調査、クリエイティブ効果測定など）を駆使して日々のマーケティング業務を行っています。

味の素に限らず、大手企業ではこのような「仮説検証」を開発フローの中に組み込んで運用している会社は多いですが、事業をはじめたばかりの会社や、中堅企業では調査費用への投資コストがネックになる場合も多いでしょう。

この「仮説検証プロセス」まで踏み込んで書いてしまうと一冊の本には収まりませんので、今回は大幅に割愛させていただきますが、1つだけ海外での消費者調査も活用した

マーケティング活動における仮説検証の流れ

発売前

	調査の流れ	調査アプローチ
1	**市場の把握及び理解** ⇒新製品・事業展開のために現地の習慣および市場・消費者のunmet needsの発掘は優先的な課題 ⇒市場把握に次いで、新製品のポジショニング予測を図ることで直接競合と間接競合の両面から今後のビジネス展開の方向性を決定	カテゴリー…ブランド…購買行動…意識把握 "どのブランドを買って、どのように使用しているか/どこで買っているかなど" **※上記の把握のために U&A Tracking・BVCを活用**
2	**アイデアスクリーニング&製品ポテンシャルの仮説検証** ⇒市場理解の結果をもとに、仮説アイデアを出して、スクリーニング調査を行うとともに「既存・新市場」でのマーケットポテンシャルを予測し、カテゴリーおよびターゲットセグメントを特定	**仮説検証** アイデア出し スクリーニング／ターゲット市場・カテゴリー把握／ポジショニング
3/4	**製品受容性の診断_コンセプト/プロダクト方向性** ⇒消費者のニーズを満たす製品コンセプトは何か？ ⇒コンセプトにマッチする製品の開発 ⇒市場でのポテンシャルが高い製品のローンチ	**調査内容** コンセプトテスト／プロダクトテスト

発売後

	調査の流れ	調査アプローチ
5	**発売後のプロダクト&ブランドトラッキング(BVC)** ⇒発売後の新製品の市場パフォーマンスを定期的に測定することで製品やサービスの改善ポイントを把握し、顧客満足を最大化する ⇒製品とともにブランドエクイティをトラッキングし、中長期的な利益を創出	短期的なプロダクトパワー／中長期的なブランドエクイティ 製品のブラッシュアップ
6	**コミュニケーション効果測定** ⇒効果的なクリエイティブの選定・事前検証 ⇒より強いストッピングパワーの広告開発のためコミュニケーション効果測定調査を行う	ブランドの純粋想起・認知率と購入意向の相関が高い

大々的な「仮説検証」の事例を紹介します。

フィリピン・ミャンマー・タイで同時に新商品を発売するプロジェクトを手がけていた時のこと、既にコンセプト設計も終わり、プロダクト（製品のレシピ、包装パッケージの形態）も方向性が決まっていたタイミングで、デザイン案を3つつくってデザイン調査（定量調査）を実施したことがありました。

なぜそこまで入念な準備を行なったかというと、日本人が同じ日本人向けに開発した商品・デザインを発売する日本事業とは異なり、海外での事業開発の場合は生活者の肌感覚を完全に理解することが難しいからです。たとえ優秀な現地スタッフがいたとしても、新しい商品である場合は彼ら・彼女らの勘も働かないことが多々あります。

このプロジェクトの場合、設計されたコンセプトを最も忠実に再現しているデザインを3パターンつくるところまではたどり着いたのですが、日本人・現地スタッフ含めて、クリエイティブの好みによって意見はバラバラでした。そこで3カ国横断・共通の定量デザイン調査を「仮説検証」の一環として実施したわけです。

結果は、日本人スタッフの多くが好んだナチュラルなデザインは最も評価が低く、一部の現地スタッフが推していたとても派手で化学的なイメージのするデザインの評価が圧倒的に高いという結果でした。もし「仮説検証」プロセスを飛ばして、いきなり3カ国で事業展開をしていたら、その時の事業損失は計り知れません。

標準マーケティング・カレンダー

新しい事業を担当したら、突然計画をつくるのではなく、まずは徹底的にCheck。そもそも何が課題なのか、すぐに打てるActionはないのか、仮説検証の実験をやってみる。最終的にはどのステップまで戻れば良いかを明確にする。当たるまでやめなければ、必ずヒットになる。

	21年下期	22年上期	22年下期	23年上期	24年下期	25年上期	25年下期	25年上期
①戦略策定		●						
②商品企画		●	●					↑
③製品開発			●	●	●			
④工業化					●	●		
⑤マーケティングプランニング						●	●	
⑥販売マネジメント（販売マーケティング）	●						★ 発売	●

徹底的に「チェック」する習慣をつける

この章の最後に強調させてください。

マーケターとして新しい事業を担当したら、いきなり計画をつくるのではなく、まずは徹底的に「チェック」する習慣をつけることです。

「お店でよく売れている商品は何か。自社商品と競合品はどこが違うのか」

「そもそも何が課題で自社商品は買ってもらえていないのか」

「この難局を打開するために、いますぐにでも打てるアクションはないのか」

などを売り場に足を運んで、生活者の気持ちになって考え、今、自分たちが売っている商品の可能性についてもじっくり検討をしてみることです。

「これはこうすればもっといけるんじゃないか」

「このやり方だとダメだから、もう少し違う攻め方をしよう」

という新しい気づきが生まれてくればしめたものです。

いきなり新しいものをつくるのではなく、まずは今あるものをちゃんと売れるようにする。既に発売している既存品がきちんと売れてくれるというのが企業にとって一番喜ばしいことであり、改訂・改善をずっと繰り返していれば、当たるまでやめなければ、最後は必ずヒットになると思います。

Chapter 8

イノベーター理論の実験場

――中国市場

日本で売れていないものは、中国でも売れない

第7章の最後に、マーケターの役割は新しいヒット商品をつくるだけでなく、既にある既存商品の課題を発見して、「もっと売れるようにする」ことにあると書きましたが、これはグローバルマーケティングにも言えることです。

第2章でご紹介した「アンゾフの成長マトリクス」に「新規商品を既存市場で発売する」ケースと、「既存商品で新規市場を開拓する」ケースの2つありますが、私のこれまでのマーケターとしての経験から行くと、「新規商品を既存市場で発売する」よりも、「既存商品で新規市場を開拓する」方がやりやすいと感じることがあります。

私がお付き合いしている中国人の問屋の社長も、口癖は「日本でナンバーワンの商品は中国でも絶対に売れる」です。同時に「日本で売れていないものは、中国でも売れない」とも言っています。理由は世界で一番厳しい目を持つとも言われる日本人が「これはいい」と認めた商品であれば、間違いなく他の国の人たちにも受け入れられるからです。

つまり、日本市場で売れた商品が一個でもあるとすれば、その企業は「ヒット商品」を生み出すだけの力があるということになります。あとは、中国をはじめとする世界市場にその商品を売り出してみることを検討すればよい。ところが、日本企業の中には世界に打って出るのではなく、日本国内という成熟市場の中で「新規商品を既存市場で発売する」

戦略にばかりこだわっているところが少なくありません。いっときブルーオーシャン戦略が注目を浴びたことがありましたが、私が感じる限りは日本市場はかなりのレッドオーシャンです。日本市場を諦めろとか、日本でヒット商品を出すのは無理だと言っているわけではないのですが、日本のすぐ近くある中国やアセアン、インドなどの巨大市場に対するアプローチも同時並行で進めて良いのではないでしょうか。

そうかと言って、日本で売れていない商品を世界に持って行っても成功は望めませんし、日本でダメだから海外へ行こうとしても、そこには日本企業以上に強いライバルが待ち構えているのは前述の通りです。グローバルマーケティングの第一歩は、「せっかく日本国内で売れている商品があるのだから、海外で売る可能性を追求してみる」ことです。

中国での商品展開、情報普及戦略にイノベーター理論を活用する

海外の市場がどれほど巨大かはお隣の中国を見ればよく分かります。

私が好きな概念の1つに「イノベーター理論」があります。

イノベーター理論というのは1962年、アメリカのエベレット・M・ロジャースが提唱したもので、消費者の商品購入の態度を5つに分類したものです。

エベレット・M・ロジャースの「イノベーター理論」

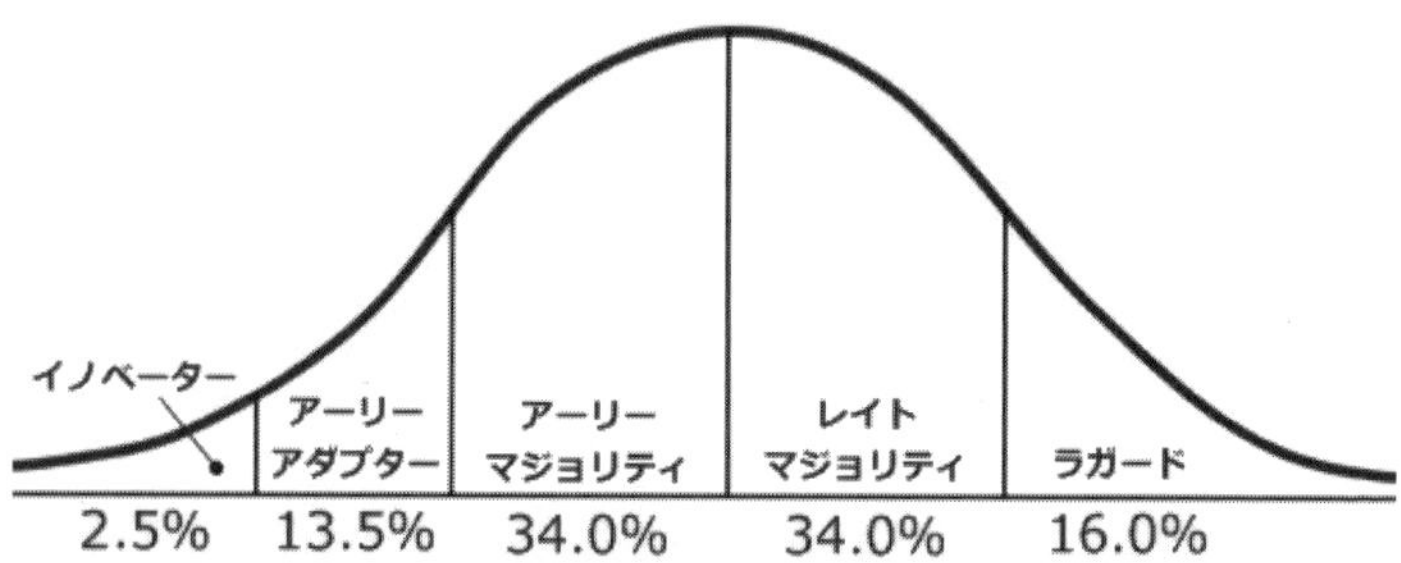

中国での商品展開、情報普及戦略にイノベーター理論を活用する

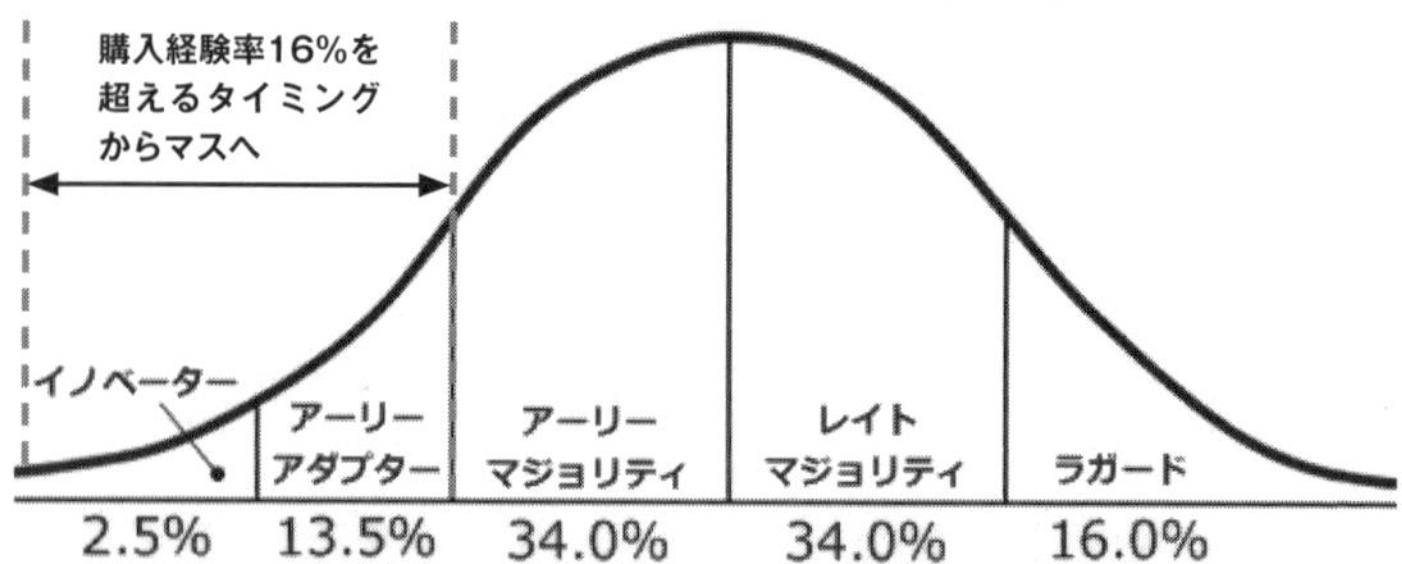

- 現在中国の沿岸部一級・二級都市には、日本の平均所得よりも遥かなに高い所得を稼ぐ、ネオリッチ層が2億人は存在する。
- マス・マーケティングとして＜アーリー・レイトマジョリティ＞を獲得できるようになる商品は、早い段階でイノベーター＋アーリーアダプター層からの支持を得て、累積購入率が閾値の16%を超える。
- 2億人の富裕層＝全中国の人口の15〜16%であるという事実。

1．イノベーター（革新者）
冒険心にあふれ、新しいものを進んで採用する人。市場全体の2・5％
2．アーリーアダプター（初期採用層）
流行に敏感で、情報収集を自ら行い、判断する人。市場全体の13・5％
3．アーリーマジョリティ（前期追随層）
比較的慎重派な人、平均より早く新しいものを取り入れる。市場全体の34・0％
4．レイトマジョリティ（後期追随層）
比較的懐疑的な人。周囲の多くの人が試しているのを見て同じ選択をする。市場全体の34・0％
5．ラガード（遅滞層）
最も保守的な人。イノベーションが伝統になるまで採用しない。市場全体の16・0％

このうちイノベーターとアーリーアダプターを合わせると16％になりますが、私はマーケターとしてこの数字を常に意識していました。

理由は16％を超えるか超えないかで、その後に伸びるかどうかが変わってくるからです。

たとえば『回鍋肉』や『豚バラ大根』は16％の壁を越え、世の中の16％の人が2年間に一回ぐらいは買ったことがあるという状態で、この普及の山を越えることができています。従って、その商品はアーリーマジョリティが支持してくれるものになりうると言えます。

スマートフォンなども最初に飛びついたのはイノベーターやアーリーアダプターで、今も「絶対にガラケーだ」というラガードの人たちもいるにはいますが、16%を超えることによって一気に携帯電話市場の主役になっています。

こうした視点で中国という国を見ると、中国の沿岸部の一級都市とか二級都市には、日本の平均所得よりもはるかにお金持ちのネオリッチ層が2億人くらいいます。この人たちは日本に一回は来ますが、そこで日本のおいしいものを食べたり、「これはいいな」という商品に出会うと、購入してくれます。2億人というと中国の人口の約16%となりますから、私はこの層をしっかりつかむことができれば、中国でもヒット商品を生むことができるはずだという仮説を立てています。

日本の企業がやらなければ、中国では自分たちでさっさとやってしまう

だからこそ、「日本で売れているものを中国などで売る」ことが必要なのですが、中国という市場の怖さは、「日本の企業がやらないと、自分たちでさっさとやってしまう」と

ころにあります。

たとえば、中国では今、コーヒー市場が急拡大していますが、そのコーヒー市場でユニークな商品展開で伸長著しいのはのはネスレでもなければ、AGFでもなく、中国の『TASOGARE』というブランドの隅田川珈琲という企業です。名前は隅田川ですけど、日本の企業とは何の関係もありません。

また、中国で一番大きなコーヒーチェーンはどこかというと、世界一のスターバックスではなく、鹿のマークの『Luckin』コーヒーがナンバーワンで、こちらも日本ともアメリカとも関係ありません。いずれも日本などを訪れた際においしいコーヒーやコーヒーのチェーン店に出合った人が起業、中国で誕生したブランドです。

こう書くと「中国が真似をしたのか」と勘違いする人がいるかもしれませんが、そもそもスターバックスの場合も事実上の創業者のハワード・シュルツが仕事でイタリアに行った際に、最高のエスプレッソコーヒーに出合い、「この体験をアメリカの人にも味わってもらいたい」と考えたことがはじまりです。

それまで焙煎したコーヒーを販売するだけだったわずか数店舗のスターバックスをエスプレッソコーヒーを提供する店につくり変え、世界的チェーン店へと育て上げたわけですから、ある国の売れているものを自国に持ってくるというのはマーケティングとしては定石と言えます。もし誰かに先を越されたくないのなら、売れているものをつくっている企業が世界へと出て行くことが大切なのです。

つまり、日本企業にとってはできるだけ早い段階で自分たちがつくっているヒット商品を中国という国のイノベーターやアーリーアダプターに紹介し、需要を創っていくことが必要なのです。その取り組みをすることで初めて、その先にいるアーリーマジョリティーも取り込むことができるわけですが、それも「今やらないと、向こうが先にやってしまう」というギリギリのところに来ています。

日本企業に迷っている時間はない

早い取り組みがいかに効果的かは、味の素グループの取り組みを見ればよく分かります。たとえば、タイの味の素が缶コーヒーをつくってナンバーワンのシェアを持っていることは既にご紹介しましたが、同社グループでは実はインスタントラーメン事業も手掛けています。そしてそのラーメンをタイ国内だけではなく、中国に輸出もしています。

グローバルマーケティングの始まりはいつも日本からの輸出ですが、それがうまくいくようになると、現地に会社をつくって、いわば地産地消的なビジネスを展開します。そしてその企業が成長するにつれ、現地向けに新しいヒット商品を生み出したり、ヒット商品を別の国に輸出したりと、まさにアンゾフの成長マトリクスの模範のような活動をするよ

味の素グループの取り組み

旅行先人気No.1のタイを象徴する<トムヤムクンラーメン>を、華人系オーナーのネットワークを活用して古くから中国へ輸出。

●「最も本格的で美味しいタイのインスタントヌードル」というユニークな商品ポジショニングの確立
●EC サイト＋オフラインでのW販売チャネルの確立
●デジタル広告・SNSでの情報構築・拡散で着実に売上伸長

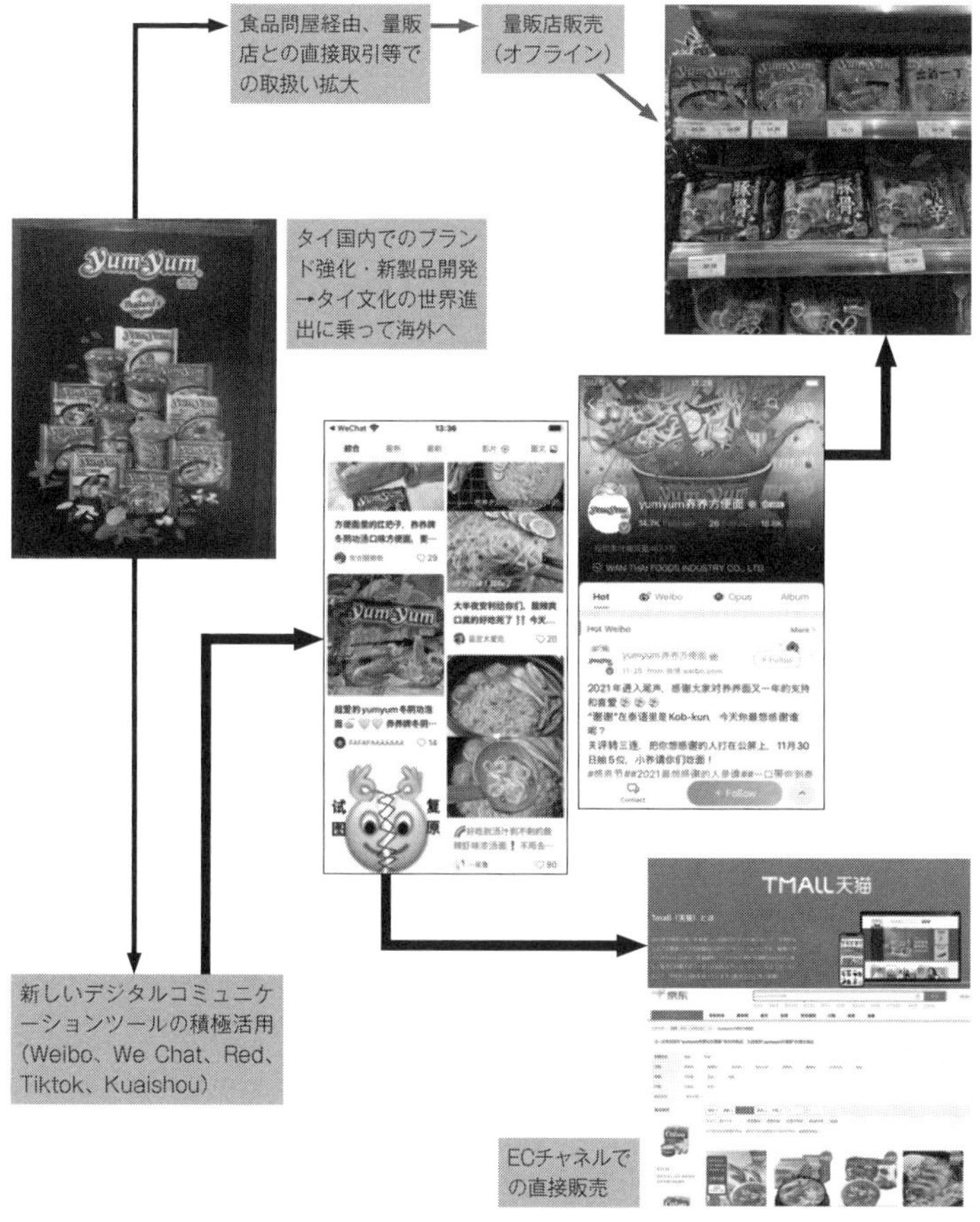

うになります。

タイの味の素のグループ会社であるワンタイフーヅ社がつくっている『ヤムヤム』というトムヤムクンラーメンがあります。酸っぱ辛い味わいがとてもおいしいので、タイ人だけでなく、タイに住む外国人にも愛用されているのですが、実は中国の人もタイが大好きです。中国人は暖かいところが好きで、タイを観光で訪れる中国人の数も昔からとても多いです。こうした人たちがタイに来て『ヤムヤム』を食べ、母国へのお土産として買って帰ったりして需要が広がっていく。そんな需要の広がりに目をつけた創業者の華僑はタイを旅行で訪れた人がトリコになるトムヤムクンラーメンの海外輸出をはじめたのだと思います。日本にたくさんの外国人が訪れている今、同じような需要の広がりが期待できるかもしれません。

近年、そのワンタイフーヅ社が力を入れているのが中国内でのオンラインを使った販売です。

日本だと地方に行くとそうでもないところもありますが、割と家や会社の近くにスーパーやコンビニなどがあり、いろんなものを気軽に買うことができます。しかしながら、中国の場合は国が広く、店も人口の割にはそれほど多くないため、買いに行くこと自体が大変面倒です。そのため当然スーパーや量販店にも品物は置いていますが、オンライン販売に力を入れることで、売上の3~4割がオンラインとなっています。物理的なお店までの距離が遠い国ではEC事業がとても発達している傾向があります。日本での常識だけを信じてオフラインばかりを頑張っても期待通りの成果を上げることはできません。かといって、「オフラインなんか無視していい」とオンラインだけに力を入れるのも間違っています。

こうした実情は国によって大きく異なりますが、マーケターはそのあたりの事情も熟知したうえで販売戦略を考えることが求められています。

ちなみに、この中国向け『ヤムヤム』ラーメン販売のプロジェクトは、タイ人の取締役、タイ人のマーケター、タイ人の輸出担当者、香港人の問屋の調達責任者、中国人の問屋の販売マネージャー、そこにアドバイザーの私という面子で定例会議をやっているのですが、共通言語は英語とマンダリンです。昨今はオンライン会議を自宅でやることも多い中、自宅の書斎からマンダリンと英語、そしてときにカントニーズやタイ語が飛び交う会議の様子を覗き見る小学生の娘の友達からすれば、「この人はいったいどこの国の人なんだろう?」と不思議がるかもしれません。でも、これが今、アジアを含めた世界各国で行われているグローバルマーケティングのリアルでもあるのです。

スタートはたいてい本国で生まれたヒット商品を海外に持って行くことですが、そこでの成功が現地での法人設立につながり、現地法人が独自のヒット商品をつくり、新たな市場を開拓するところまで持って行く。これがグローバルマーケティングの理想形ですが、当然のことながら一朝一夕に実現できるものではありません。

日本企業に迷っている時間はあまりありません。自信がある商品、強みのある事業があるなら巨大市場のアジアをターゲットに船を漕ぎ出しても良いタイミングです。もしまだそこまでの自信の持てる商品がないのなら、まずは日本市場で独自価値を持つヒット商品を生み出す仕掛けをつくることからはじめる。世界一厳しい選択眼をもつ日本人から喜ばれる商品をつくれたとしたら、それをアジアに持って行くことで企業としての前途は洋々たるものです。

企業内でのそのような取り組みの過程で、本書が提唱する「ヒットの法則15原則」が少しでもお役に立てたら、「日本式グローバルマーケター」として望外の喜びです。

【本書の理解を深めるために ―著者のおすすめ書籍―】

これまで僕が読んできたグローバルマーケティングの前提となる基本知識や原理原則を学ぶために有益な書籍を、各分野に応じて紹介いたします。ぜひ本書と併せてお読みいただき、さらなる理解を深めてみてください。

※現在では入手困難な書籍もありますが、ご了承ください。

1.「ブランディング・ポジショニング」を学ぶ

『ブランディング22の法則』
アル・ライズ、ローラ・ライズ 著／片平秀貴 翻訳（東急エージェンシー出版部）

『ニューポジショニングの法則 ― 勝つブランド負けるブランド』
ジャック・トラウト 著／新井喜美夫 翻訳（東急エージェンシー出版部）

マーケターの仕事は見込み顧客の心に知覚情報を創り出し、商品やサービスを手に取ってもらうこと、つまり、手塩にかけて磨き上げた商品やサービスをお客様に提供し、自社ブランドのファンになってもらうことです。ご紹介する2冊は、入門本としても、経験者の棚卸しのためにも役に立つ本です。

唯一の難点は、マーケティングの本はとかくアメリカの事例が多く、われわれ日本人には今ひとつ肌感覚を得難いことですね。

2.「マーケティングマネジメント」を学ぶ

『競争優位の戦略 ― いかに高業績を持続させるか』
マイケル・E.ポーター 著/土岐坤 翻訳(ダイヤモンド社)

『新版 マーケティング原理 ― 戦略的行動の基本と実践』
フィリップ・コトラー、ゲイリー・アームストロング 著/和田充夫、青井倫一 翻訳(ダイヤモンド社)

『マーケティング戦略〔第6版〕』
和田充夫、恩藏直人、三浦俊彦 著(有斐閣)

『競争優位の戦略』『マーケティング原理』は、マーケターを自称するのであれば必ず読むべきバイブルです。ただし、ちょっと難易度が高いので、入門編として『マーケティング戦略』をおすすめします。これらの本の内容を感覚的に理解し肌感覚を持てるようになると、仕事の質が飛躍的に向上します。やはりBack to Basic、本当の真理はとてもシンプルです。

3.「制約理論(TOC：Theory Of Constraint)」を学ぶ

『ザ・ゴール ― 企業の究極の目的とは何か』
エリヤフ・ゴールドラット 著/三本木亮 翻訳(ダイヤモンド社)

『ザ・チョイス ― 複雑さに惑わされるな!』
エリヤフ・ゴールドラット 著/岸良裕司 監修/三本木亮 翻訳(ダイヤモンド社)

バリューチェーン全体をデザインし、新しい価値連鎖を生み出していくのがマーケター・事業家です。制約理論は技術系の人の専門分野のように思われがちですが、実は事務方にも必須の知識なのです。事業・マーケティングという仕事に関係するメンバーはとても多く、とても幅広いです。そして、巻き込む部門や人材が広ければ物事はどんどん複雑になっていきます。一方、多様な人材が集まって活動するからこそ、衆知が結集され、大きなブレークスルーが生まれるのも事実。制約理論は、物事をどうやってシンプルで効率的にするかという根本を理解するための学問です。

この分野の専門家はエリヤフ・ゴールドラッド博士。『ザ・ゴール』シリーズは読み物として面白いしおすすめです。『ザ・チョイス』に今では僕のお気に入りとなった「物事は本来とてもシンプルであり、世の中には対立など存在しない」という概念が解説されています。

4.「消費者調査」を学ぶ

『課題解決！マーケティング・リサーチ入門』
リサーチ・ナレッジ研究会　著／田中洋　編著（ダイヤモンド社）

マーケターは好奇心旺盛でないと続きません。というか、僕の周りのマーケターはみんな「気になる」系の人。調査を行う時に大切なことは「仮説を立てること」と「調査結果から次のアクションを導き出すこと」です。なんでもかんでも調べてたら時間がいくらあっても足りないし、今の時代は〝Google先生〟もいますから、知っていることは価値になりません。すべては自分なりの仮説立て、それをいかに検証して成功確率を高めていくかの勝負になります。そうは言っても、どのタイミングで、どういうステップで調査を行い、仮説の確信度を上げて行くかのセオリーは学ぶ必要があります。

中央大学の田中洋名誉教授が書いた『課題解決！マーケティング・リサーチ入門』は、実務プロセスとアカデミズムがバランス良くミックスされていて非常に参考になります。どのようなマーケティング課題に対して、どんな調査が必要か、どのタイミングで調査を実施して、その後どうなったか、が事例とセットで紹介されています。

5.「思考力」を学ぶ

『仮説思考 BCG流 問題発見・解決の発想法』
内田 和成 著（東洋経済新報社）

『論点思考 BCG流 問題設定の技術』
内田 和成 著（東洋経済新報社）

『右脳思考 ロジカルシンキングの限界を超える 観・感・勘のススメ』
内田 和成 著（東洋経済新報社）

時には経営直轄のプロジェクトに参画したり、多くの関係部門と折衝する必要のあるマーケターは、ファシリテーションスキルに長けている必要があります。戦略性・論理性を駆使して道筋を考え、自らの行動で組織・人材をリードしていくことが求められます。頭がシャープで弁舌に長けるだけでも人は動かないし、気合いだけでも相手のやる気のスイッチは点灯しません。この分野の第一人者は早稲田大学名誉教授の内田和成先生の『仮説思考』『論点思考』『右脳思考』三部作です。左脳と右脳という2つの異なる概念の使いこなし方のコツが掴めるようになると思います。

6.「マネジメント」を学ぶ

『プロフェッショナルマネジャー 58四半期連続増益の男』
ハロルド・ジェニーン 著/アルヴィン・モスコー 編/田中融二 翻訳/柳井正 解説(プレジデント社)

マーケティング部門におけるマネジメントは、ビジネスマネジメントと組織マネジメントの大きく2つに分けられると思います。

ユニクロの柳井社長も推奨するハロルド・ジェニーン著『プロフェッショナルマネジャー』にはその両方への心構えが語ってあります。深いです。担当マーケターからマネジリアルマーケターへのキャリアチェンジの瞬間に、特に参考になると思います。

7.「哲学」を学ぶ

『後世への最大遺物・デンマルク国の話』

内村鑑三 著（岩波文庫）

人にメッセージを発信することが多いマーケター。自分自身を深める意味でも、自分の中に芯を持つ意味でも、哲学に触れることをおすすめします。僕が生涯で一番大切にしたい1冊は、内村鑑三先生の『後世への最大遺物』。この本のおかげで僕は人間的な生き方に気づくことができたし、障がいを持ってこの世に来てくれた長男との10年間を一緒に全うすることができました。そして、今起業家として、あるがままに、自由を追求する生き方を選ぶきっかけになったのもこの本です。

この本以外にも、芳村思風先生、村上和雄先生、松下幸之助氏、稲盛和夫氏、アルフレッド・アドラー氏、ムハマド・ユヌス氏など、たくさんの思想家の本を読みました。これらの刺激は自分流哲学の形成に繋がっていると感じます。

【その他、本書における参考書籍】

『トヨタ生産方式』
大野耐一著（ダイヤモンド社）

『スティーブ・ジョブズ　偶像復活』
ジェフリー・S・ヤング＋ウィリアム・L・サイモン著／井口耕二訳（東洋経済新報社）

『イーロン・マスク　未来を創る男』
アシュリー・バンズ著／斎藤栄一郎訳（講談社）

『1からのグローバル・マーケティング』
小田部正明、栗木契、太田一樹　編著（碩学舎／中央経済社）

『おわりに』

この本を出版していただけることになった日。キックオフ会議の時に感じた電流が流れるようなゾクゾクする感覚を今でも覚えています。私はいつもと同じように研修講義でもやるような感じで、どんな本にしたいか、どんなエッセンスを読者に届けられるかをプレゼンテーションでお伝えした時のこと。編集者の黒川さんと構成の作業を助けてくれた桑原さんが、「これは面白い本になるぞ！」と共感してくれているのが、なぜか手に取るように分かり、心の振動のようなものが私にも伝わっているような感覚を持ちました。

私はセレンディピティ（偶有性）という概念がとても好きで、日本語にすると「素敵な偶然」などと表現されるのですが、全く知らない人間同士がこの広い世界で出会い、その瞬間に意気投合して、新しい価値の創造がはじまる。そんな未来予測的な「うまくいく予感」をとても大切にしています。そんな感じがする時、その仕事は実際にうまくいくことが多い。自身にとって初となる出版の仕事は、そんな幸先のよい感覚と共にはじまりました。

私は学生時代からずっとスポーツ（ラグビー）をやっていて、運動は好きだけど音楽や芸術にはあまり興味がありませんでした。そんな自分が漫画『Blue Giant』をきっかけにジャズの世界に興味を持ちはじめたのはつい5年ほど前の話です。漫画原作を読み進めるうちに主人公の生き方や、ジャズというものが持つ、自由な表現と音楽を純粋に楽しむという姿勢、異なる楽器があるからこそ奏でられるコラボレーションの妙、プロの技術同士が切磋琢磨され即興でつくり上げられる音楽の世界、これらの創造活動がとてもマーケティング活動に似ていると思うようになりました。音楽を今から極めることはできないけど、マーケターとしてジャズミュージシャン的に生きることはできるかもしれない。楽しいからやる、価値観や才能の異なる人とのセッションを通じて未知なる自分に出会う、自分の強みや特徴を愛し、かつ同じくらい相手のことをリスペクトする。個性が異なる人間同士のコラボレーションの結果、見たこともないイノベーションが起こる。これこそがまさに「マーケティングはアート」であると表現されるゆえんなのだと思います。

今回、僕個人の経験・ノウハウのナレッジ化のプロセスは、編集の黒川さんの企画構想とアレンジ、読者目線での聞き役になってくれた桑原さんの存在がなければ実現しませんでした。毎回の編集打ち合わせが楽しい。空間が震えている感じの中で進められる、概念を文章にするという作業。本文にも登場していただいた三人のレジェンドマーケターとの思い出も振り返りながら、「将来、世界で活躍するマーケターたちのための実用書」という商品開発プロジェクトを思う存分楽しむことができました。

今までに100近い事業開発・商品開発プロジェクトに携わってきましたが、プロジェクトを終えるときはいつもそう。やり切った心地よさと、終わってしまう寂しさを感じています。

私が36歳の時に、生まれつき重度障がいのあった長男を亡くし、悲嘆にくれながら何度も読み返した本があります。それが内村鑑三先生著の『後世への最大遺物』です。本の中に登場する「この世は悲嘆の世にあらずして、歓喜の世であることを世の中に示す」「人間が後世に遺すことのできる、そうしてこれは誰にも遺すことのできるところの遺物で、利益ばかりあって害のない遺物がある。それは何であるかならば勇ましい高尚なる生涯であると思います」という文章。

親である自分よりも短い寿命を生きた長男・優大を見送った時に触れた、この内村鑑三先生の言葉に救われた自分は、「勇ましい高尚なる生涯」を歩み続け、「日本式グローバルマーケター」として生き行く責務がある。なによりもせっかく与えられた命を味わい尽くし、ありのままに自由に飛び回り、世界各地のあらゆる社会との接点の中で価値を生み出し続けること。それが「日本式グローバルマーケター」としての自分の生き方だと思っています。

人と関わり、ハードルを乗り越えて何かを成し遂げることの楽しさ、価値創造の喜びが蓄積されていく人生。人生100年時代においてはまだ折り返し地点までしか来ていませんので、これからまだ沢山の事業開発・商品開発・マーケティングに携われるかと思うとワクワクします。創業企業を運営する今となっては定年もありませんし、あとは前に向かって歩き続け、「あー楽しかった」と思って力尽きるまでです。

この本を数多くの専門書の中から選び、読んでいただいた事業家・マーケター、起業家、社会活動家の方々、皆様の心遣いに心から感謝いたします。もし、この本がこれからグローバルな舞台で活躍する皆さまのほんのわずかな後押しになれば嬉しいです。

常に、Be free, be creative。楽しく生きていきましょう。

最後に、どんな時でも常に自分を味方してくれるパートナー・幸恵さん、生きる喜びを与え続けてくれる子どもたちに感謝を込めて。いつもありがとう。

中島広数

［著者プロフィール］

中島広数

NAKAJIMA HIROKAZU

1975年生まれ、群馬県高崎市出身。1994年群馬県立高崎高校卒業、1998年東京外国語大学外国語学部中国語学科卒業。1998年から2018年まで味の素株式会社にて海外事業・海外営業・国内外マーケティング業務に従事（中国に4年間、タイに2年間の駐在経験有り）。2011年には「Cook Do」事業担当となり、5年間の担当期間中に「Cook Do きょうの大皿」の事業開発を含めたロングセラーブランドのリ・ブランディングによる大幅事業拡大を手がけた。

2018年に味の素社を卒業し、事業コンサルティング・新事業／新商品開発・マーケター人材育成を主業務とするfreebee株式会社を創業・代表取締役に就任。現在6期目。その他、亜細亜大学 アジア・国際経営戦略研究所 非常勤講師、香港貿易発展局 アドバイザー、株式会社本田事務所 マーケティングディレクター、一般財団法人シャンティハウス 評議員長 等、複数の組織の要職を兼任。

日本語・英語・中国語・広東語の4ヶ国語話者。


〈お問い合わせ〉

contact@freebee.style

［構成協力］

桑原晃弥

グローバルで通用する「日本式」マーケティング

元・味の素マーケティングマネージャー直伝の仕事術

2024年2月10日　　初版第１刷発行

著　者　**中島広数**

発行者　張 士洛
発行所　日本能率協会マネジメントセンター
〒103-6009　東京都中央区日本橋2-7-1 東京日本橋タワー
TEL03（6362）4339（編集）／03（6362）4558（販売）
FAX03（3272）8127（編集・販売）
https://www.jmam.co.jp/

装　　丁　沢田幸平（happeace）
本文組版　株式会社明昌堂
構成協力　桑原晃弥
印 刷 所　シナノ書籍印刷株式会社
製 本 所　株式会社新寿堂

ISBN 978-4-8005-9176-0　C2034
落丁・乱丁はおとりかえします。
PRINTED IN JAPAN